THE RESPONSIBLE GLOBALIST

What Citizens of the World Can Learn from Nationalism

NEWS PICKS PUBLISHING

Hassan Damluji

ハッサン・ダムルジ

土方奈美 訳

フューチャー・ネーション

国家をアップデートせよ

フューチャー・ネーション

国家をアップデートせよ

THE RESPONSIBLE GLOBALIST
What Citizens of the World Can Learn from Nationalism
By Hassan Damluji

「with コロナ時代」を切り拓くフューチャー・ネーション
——日本の読者のみなさんへ

二〇二〇年二月のある日曜日。ＢＢＣの政治系トーク番組を見ながら朝食をとっていたぼくは、思わずシリアルをのどに詰まらせそうになった。

番組では中国の駐英大使が、湖北省で蔓延《まんえん》している得体の知れないウイルスについてインタビューを受けていた。ウイルスはすでに世間の注目を集めており、ぼくが驚いたのはそこではなかった。大使の語った内容だ。

「私たちは国際協調を歓迎する。**このウイルスは人類共通の敵**だと私たちは考えており、世界が、人類が、人類社会が力を結集し、共通の敵と戦う必要がある」

私たちの敵は、もはや「他の人々」ではない

大使の発言は必ずしも政治の生々しい現実を反映するものではない。しかしこれは中国の外交官が、イギリスのテレビ番組で当たり前に口にするような話ではなかった。こうしたインタビューでは、中国への批判に反論したり、中国のインフラ投資がもたらす恩恵を

長々と語ったりするのが一般的だ。人類が人類に対する共通の敵の前に団結する、といった話が出てくることはまずない。

新型コロナウイルス感染症が世界的パンデミックだと正式に宣言される一カ月前のことだ。この感染症が多くの人命を奪い、経済活動を停止させるだけでなく、政治のあり方を変え、世界に対する新たな見方を生み出す可能性があることにぼくが気づいたのはこのときだ。

ぼくがシリアルをのどにひっかけたこの朝のインタビュー以降、パンデミックを収束させるには世界がひとつになるしかない、という主張をよく耳にするようになった。イギリスのブレグジット（EU離脱）推進派のボリス・ジョンソン首相までが「これは人類対ウイルスの戦いだ」と高らかに宣言した。[1] 安倍晋三首相は日本が国際協調において主導的立場を果たすことを約束した。[2]

しかし世の中はこうしたさわやかな国際協調主義一辺倒というわけではない。他国への非難、孤立主義、ゼノフォビア（外国人憎悪）といった邪悪な主張も幅《はば》を利かせている。

本書『フューチャー・ネーション』を書いたのはほんの数カ月前のことだが、すでに別の時代のようだ。本書でぼくは、私たちが直面する最大の脅威は他の人々ではない、気候変動や世界的パンデミック、核兵器の脅威こそが最大の課題であり、世界が団結しなければ克服できない共通の脅威なのだ、と主張した。ドナルド・トランプの大統領就任やブレグジットなど世界が内向きになる流れがある一方、国境を越える人の移動の増加やユーチューブの世界的普及など、ここ数十年の技術や社会の驚くべき変化によって、人々が人類全体に対して強い絆《きずな》を感じる土台ができた。自らを「世界市民」と認識する土台ともいえる。本書では、世界人口の半数以上にすでに世界市民（それが何を意味するかはまちまちだが）という自己認識があることを示した。

予測困難で、長期的には必ず起こる重大かつ恐ろしい出来事によって、人類社会のあり方を改善しようという政治的エネルギーが生まれる可能性がある、ともぼくは指摘した。二〇一九年当時念頭においていたのは、超大国同士の戦争が起こり、一九四五年と同じように優れた国際システムを構築しようという機運が生じる、あるいはあの時点で世界の数十億人の有権者が最重要課題と考えていた気候変動によって、為政者が国際協調を何よりも重視するようになる、といった事態だ。

だが非常に残念なことに、ぼくの予想よりはるかに早く、人類はそうした試練に直面した。本稿執筆時点で新型コロナウイルスは世界で最も脆弱《ぜいじゃく》な国々で広がりはじめたばかりだが、死者の数はすでに、「世界最大の人道危機」と呼ばれた二〇〇三年以降のスーダン・ダルフール紛争のそれを上回っている。[3] 経済損失は二〇二〇年だけで、アメリカ政府が第二次世界大戦中に支出した四・一兆ドルの二倍以上になることが予想されている。[4]

歴史の転換点とフューチャー・ネーション

私たちは今、歴史の転換点にいる。世界が協調、繁栄、公平への道を進むのか、それとも分断、対立、恐るべき格差への道を進むのかが決まろうとしている。

過去にはこうした悲劇が、最終的に大きな進歩につながったケースが幾度もあった。一四世紀なかばに西ヨーロッパの人口の三分の一を死にいたらしめた黒死病（ペスト）は、労働者の交渉力を高め、その後の民主主義社会の基礎を据《す》えたといわれる。アメリカは南北戦争によってバラバラになったものの、そこから各州が緩やかに結びついた現在の国家体制が生まれた。第二次世界大戦が起こらなければ国連は誕生しておらず、世界保健機関（WHO）のような国連機関が存在しなければ、現在の私たちを取り巻く状況ははるかに困難なものになっていただろう。

とはいえ「すべての試練は人を強くする」という格言が当てはまらないこともある。第一次世界大戦が残した傷跡には、新たな戦争の種が潜んでいた。二〇〇三年のイラク侵攻は強固な民主国家の誕生にはつながらず、二〇〇八年の金融危機を経ても世界の経済問題の多くは未解決のままだ。

新型コロナウイルス危機は、変革のきっかけになるのか、それとも死のスパイラルの始まりなのか？　評論家のなかには、国際システムの終わりを予想する声もある。英『エコノミスト』誌は読者に向けて、こんな陰鬱《いんうつ》な警告を発した。

「グローバル化の時代に別れを告げよ、そしてそれに代わる新たな時代を憂慮せよ［5］」

もっと楽観的な見方もある。国際政治学者のイアン・ブレマーは、新型コロナウイルスは「ゴルディロックス的危機」ではないか、と問いかけた。私たちに本質的変化を迫るだけの重大性はあるものの、より良い世界を構築する能力を完全に毀損《きそん》するほど破滅的ではない、いわば「絶妙な加減」の危機という意味だ［6］。

その長期的影響がどれほどのものになるのか、見きわめるのは時期尚早だ。こんな試練を望んでいた者はいない。私たちにできるのは、自らが実現したい未来に向けて真剣に努力することだけだ。

日本のみなさんに認識してほしいこと

ぼくの周りの日本人の多くは、日本人の三〇％が自らを「世界市民」だと考えていると聞くと驚く［7］。日本は島国なので閉鎖的で、外の世界にはあまり関心がないという固定観念がある。日本の友人からは、自分は国際問題に強い関心があるが、そういう人間は少数派だよ、とよく言われる。

しかしエビデンスを見ると、またぼく自身の日本での経験に照らしても、その認識は誤っている。日本は外から入ってくる思想に対して、驚くほど開かれた社会だ。そうでなければ、あなたも本書を手に取っていないはずだ。

日本は特別孤立主義的な国だという認識は、二〇〇年にわたってほぼ完全な鎖国状態にあった歴史的記憶に根差しているとぼくは思う。たしかに移民を規制しようとする傾向は依然として強い。しかし本書で述べるように、移民への懸念はあらゆる国にある。そして移民を大幅に増やすことは、世界がひとつになるための必要条件ではない。日本が国際協調を推進するうえでこれまで以上に大きな役割を果たす第一歩は、自らが孤立主義的だという誤った通念を捨て、すでに世界に対してどれほど開かれた国であるかを認識することだ。


ただ国際協調の重要性を認識することは、ほんのはじまりにすぎない。実効性の高い国際システムの実現をはばむとほうもない壁を、どうすれば越えられるのか。グローバリズムの目的について、またその実現方法について、どうすれば共通のビジョンに到達できるのか。これほど多くの人々、ときには政府までが排他的なナショナリズムに傾倒するなかで、どうすればグローバリズムは広範な支持を得ることができるのか。どうすれば均質化を避けながら一体感を醸成できるのか。グローバルな絶対権力の下で、画一的なロボットのような人々の暮らす同質化した世界など、誰も望んではいない。

本書がみなさんに提示するのは、一体感のある世界を創り出すための青写真《ブループリント》だ。それは多種多様で争いの絶えない何百万というコミュニティを、平和的で機能的な集合体にまとめる方法を、私たちはすでに知っているという認識から出発している。「国家」という強力な神話を生み出すことで、それを成しとげたことがあるからだ。

過去二〇〇年にわたって私たちが築いてきた国家というコミュニティは、過去の憎しみは乗り越えられること、そして人は見ず知らずの他人の利益を自らの利益より優先できることを示した。ほんの一世紀前には何億人もの人々が訪れたこともない街に学校や病院を建てる費用をまかなうため、収入の三分の一、ときには半分を、遠い存在である政府に差し出すことなど想像もできなかった。

今日の世界には、一四〇年前の世界人口に匹敵する数の国民を擁《よう》する国家がふたつ存在する。中国とインドだ。いずれも地球規模の国家といえる。どちらも完璧ではないが、インドや中国が二〇〇ものバラバラな国家に分かれ、それぞれが資源を囲い込んでいる状態のほうがよかったとはとても言えないだろう。その場合、紛争や貧困はいまよりはるかに深刻だったはずだ。湖北省が独立国家だったら、新型コロナウイルスの感染拡大を封じ込め、遅らせるための手段はもっとかぎられていたはずだ。

これからの世界にこの本がどう役立つか

本書は「どうすれば地球規模の国家を建設できるか」という問いに徹底的に答えていく。私たちにはすでに実績があるのだから、もう一度成しとげることは可能だ。今度はその対象を全人類に広げなければならないというだけだ。これまであらゆる国家がそうしてきたように、他の人々を脅威と見なして団結するのではなく、全人類からなるフューチャー・ネーションは感染症、気候変動、極度の貧困、核戦争による相互確証破壊（ＭＡＤ）といった「人類以外の敵」に対して団結しなければならない。

本書では、過去のナショナリズムの失敗から学べる教訓をみなさんに提示している。これは、今回のパンデミック後のフューチャー・ネーション構想の要《かなめ》となるものだ。これまであまりに多くの国家が、特定の外集団に敵意を集中させるという手法を採ってきた。その轍《てつ》を踏み、マイノリティを敵視することで人類の大多数を団結させるという誘惑に駆られてはいけない。征服戦争によって建設された国家は多い。しかしフューチャー・ネーションはトップダウンの命令ではなく、手間ひまのかかるコンセンサスを通じて建設すべきだ。

グローバル版中国のような国家に住みたいと思う人はほとんどいない。加盟国が国民投票によって離反するリスクと常に向き合いつつ、EUが苦労しながら共通の取り組みを進めていく様子を見るのは歯がゆい。しかしこの集団的アプローチのほうが、多くの人が望むような共同体を生み出す可能性は高い。自らの人生に介入したり、自らの帰属する集団を抹消したりするような全体主義国家を望む者はいない。しかし本書を通じて明らかにしていくように、気候変動のような万人に影響を及ぼすような問題については、協同的取り組みと意思決定を担う権力のレイヤーを望む人々は世界中にいる。

歴史を振り返れば、国家建設の試みが頓挫《とんざ》したり、道を誤ったりしたケースは枚挙にいとまがない。しかし国家への帰属という概念が存在しなければ、社会的多元的を持つ民主主義、福祉国家、法の支配なども存在しえない。

あらゆる国家建設の試みがそうであるように、より一体感のある世界の構築も長い道のりになる。しかしさまざまな対立があるとはいえ、私たちはその道のりをこれから歩み出すわけではない。本書では、国家の後ろ盾を得て奴隷貿易が産業として行われていた時代から、人種や国籍にかかわらずあらゆる人に基本的人権が認められている時代へと、人類が大きく前進してきたことを示していく。必要な国際システムはすでに整っているとぼくは考えている。

私たちが取り組むべき課題は、新たなシステムを創ることではない。個人レベルで共通の信頼感と理解を築いていくことだ。それがなければどんな国際システムも機能しないのだから。

本書の目標は「グローバル政府」ではなく「グローバル国家」の建設だ。歴史上、公共の利益のために人々の力を結集させるのに最大の成功を収めてきた、「私たちはみな同じ集団の一員である」という神話を生み出すことだ。

日本のみなさん、一緒に神話を生み出そう。

二〇二〇年五月　ロンドンにて

ハッサン・ダムルジ

注

1. "Boris Johnson To Say It's 'Humanity Against The Virus' In Race For Covid-19 Vaccine", *Huffington Post*, 3 May 2020
2. "Japan's Abe vows 'unprecedented steps' to protect virus-hit economy, urges global cooperation", *Reuters*, March 14, 2020
3. Worldometers.info によると、二〇二〇年五月一五日時点で新型コロナウイルスによる世界の死者は三〇万三八八一人。ダルフール紛争については以下を参照。Degomme, Olivier; Guha-Sapir, Debarati (23 January 2010). "Patterns of mortality rates in Darfur conflict". *The Lancet*. 375 (9711): 294–300.
4. 新型コロナウイルスによる経済への影響については以下を参照。"Coronavirus 'could cost global economy $8.8tn' says ADB", *BBC News*, 15 May 2020. 第二次世界大戦時の支出については以下を参照。https://online.norwich.edu/academic-programs/masters/military-history/resources/infographics/the-cost-of-us-wars-then-and-now
5. "Goodbye globalisation", *Economist* 16 May 2020
6. Eurasia Group briefing, 2020
7. International Social Survey Programme, 2013

目次

第2章 誰も排除しない——第1の原則

第3章 ミッションを定め、敵を見きわめる——第2の原則

第6章 勝者のタダ乗りを許さない——第5の原則

第7章 システムを支えるルールを公平に——第6の原則

心の一番深いところでつながっているぼくの部族、アンナとラフィへ

Introduction グローバリズムをアップデートせよ

「国家が必要だと考える人が何人か出てくれば、国家は誕生する」
――イグノトゥス・パール[1]

気候変動、貧困、疾病、戦争など、人類が直面する重大な問題を解決するには、みんなの力を合わせる必要がある。わかりきったことだ。それなのに多くの国で政治が内向きになっているという事実には暗澹《あんたん》たる気持ちになる。これでは人類にとって喫緊の課題が手つかずのままになる。

そんななか、国際協調や国際機関の強化を訴える「グローバリスト」陣営は旗色が悪い。

説得力のあるビジョンを打ち出せていないし、現状維持を望んでいるように見られることも多い。国際経済のルールを少し手直しすればいい、あるいは国際協定をないがしろにする政治指導者を声高に非難していればいいと思っているグローバリストが多すぎる。

「国家」とは何か

ぼくは本書を通じて、グローバル・コミュニティをもっと健全なものにしていくには、ナショナリズムから学ぶ必要があることを示していく。

大切なのはアイデンティティであり、人々の連帯感だ。信頼感と帰属意識を共有する社会が土台として存在しないかぎり、その上にどんな制度を創ったところでうまくいくはずがない。

つまりグローバルなコミュニティを創るには、世界中の人がグローバル市民というアイデンティティをしっかり感じられる状況を生み出す必要がある。

それはほかの集団への帰属意識を消し去る、あるいは薄れさせることではない。たとえばぼくはイギリス人というアイデンティティを強く意識しつつ、ロンドン子であること、地元のサッカークラブのサポーターであること、家族の一員であることに誇りを持っている。さらには両親の出身国であるアイルランドとイラクにも強い思い入れがある。

読者のみなさんも、いくつもの集団に同時に帰属意識を抱いているはずだ。人類はひとつの共同体だ、という意識が強まっても、こうした重層的なアイデンティティはその下で生き続けるだろう。[2]

いま必要とされる高度な国際協調を支えられる共通の絆《きずな》とは、どんなものだろう。人類史を振り返っても、宗教や政治信条がことなる数百万人、あるいは数十億人もの民衆を単一のルールに基づく体制の下に団結させたアイデンティティの源泉はひとつしかない。

それは「国家」だ。

産業革命の黎明《れいめい》期に、近代化の副産物として生まれたこの「国家」という概念は、すばらしい成功を収めてきた。[3] 見ず知らずの他人同士に、同じ集団に帰属しているという意識を持たせ、それだけで互いを信頼し、協力しようという気にさせたのだ。

国家という概念は、人類史上に燦然《さんぜん》と輝く成果をいくつも生み出してきた。民主主義、社会保障制度、過去に類をみない安全な社会などはごく一部だ。いずれも共通の国家という神話がもたらす、国民同士の基本的信頼感がなければ成り立たなかったものだ。

しかし徐々にほころびも生じてきた。

国家という概念は、多くの人を排除するようなつくりになっていた。その結果、信頼の輪の内側では結束を維持しつつ、外側にいる人々に対してはおそろしい残虐行為を働くような社会が生まれた。

「部外者」は戦争によって滅ぼすべき異国人のこともあったが、多くの場合は国境の内側で暮らしているものの、国家に帰属せず、それゆえに排除あるいは根絶すべき対象とみなされた人々だった。

また範囲を限定した国家的アイデンティティは、仲間内には恩恵をもたらしたものの、グローバルな問題解決の手段にはならなかった。それぞれ完全に独立した二〇〇もの国民国家は、自国民には基本的医療を提供しても、エボラ出血熱や気候変動といった国境を越える問題については何もしないに等しい。グローバル化した経済のなかで悲惨な衝突や圧倒的格差を食い止めるには、国民国家では力不足だ。

このためオープン・ポリティクスを標榜《ひょうぼう》し、ナショナリズムはもう古い、と訴える人々もいる。お互いの違いを認め合い、誰もが多様性を受け入れるコスモポリタン（世界主義的）な未来を目指そうというのだ。[4]

たいそうな目標だが、コスモポリタニズムだけではうまくいかないだろう。人間は本能的な部族意識を捨て去ることができないからだ。[5]

「部族意識」を健全に活用しよう

他の破壊的衝動と同じように、部族意識も無視するのではなく、健全な方向に振り向ける必要がある。今日の世界における危険な政治的潮流は、たいてい社会のエリート層が集団にしみついたアイデンティティを美化し、利用するために生み出したものだ。集団がうまく協調していくためには、互いの違いを尊重しあうことに加えて、自分たちは重要な何かを共有しているという意識が必要であることを、ナショナリストはよくわかっている。

人類が本当の意味でグローバルな国家を創るには何が必要なのか？

誰もが受け入れられる「共通のコミュニティ」を思い描くことは可能なのか？

それによっていま、国家というコミュニティに帰属する人々が互いに抱いているような信頼感や責任感を、全人類に広げることはできないか？

人類は重要な何かを共有しており、互いに対して最低限の敬意を持つべきだという強い思いをすでに抱いている人はたくさんいる。国家が後ろ盾となり、組織的な奴隷貿易が行われるような時代は過ぎ去った。

しかし国家というコミュニティを結びつける絆と比べて、人類全体の連帯感はまだ希薄だ。見ず知らずの同胞のために、収入のかなりの割合を税金として差し出すのはかまわないという人でも、世界の最貧層のためにほんの一～二％を差し出すことには猛反発したりする。[6] 西ドイツの人々は一九九〇年代の東西ドイツ統一の過程で、東ドイツの同胞のために喜んで二兆ユーロを差し出した。[7] しかし二〇〇〇年代に同じＥＵの加盟国であるギリシャが債務危機に陥ったときには、その窮状を目の当たりにしても手を差し伸べようとはしなかった。[8]

「私たちはみんな、グローバル国家に帰属するのだ」という意識が醸成されれば、人々の政治的反応はまったく違ったものになるだろう。難民危機、経済危機、あるいは伝染病など国際的広がりのある問題が生じたとき、見て見ぬふりをきめこみ、自分にはかかわりのないようにふるまうことはできなくなる。

グローバル化の問題に保護主義や国際協調に背を向けることで対応するのは、ロンドン市民がイングランド北部の貧困層を排除するために市街を壁で囲もうとするのと同じぐらい愚かな行為だ。グローバル国家は、私たち人類が同じ祖先から生まれ、相互依存の関係にあり、先細りしつつあるこの惑星における運命共同体であるという認識に立って、新たな道徳的、社会的フレームワーク（枠組み）を示さなければならない。そうしたフレームワークが欠けたままでは、国際政治というジャングルのなかで、全人類が直面する問題を解決しようとする人や組織にまともな資金や権限は集まらないだろう。

この本の3つのメッセージ

本書を通じて、ぼくは三つの主張を展開していく。

第一に、グローバル国家は実現可能である。国家の概念を大きく広げていくための条件は、すでに整っているからだ。インドや中国(どちらの人口も一四〇年前の地球人口を超えている)[9]のような巨大国家をもはるかに超える、今日の地球に生きる七〇億人をすべて包み込むグローバル国家を、私たちは生み出すことができるはずだ。これを「フューチャー・ネーション(未来の国家)」と呼ぶことにしよう。

第二に、反グローバリズムのうねりが高まっている原因は、現在のグローバル・コミュニティの不公平さにある。人は生まれつきグローバリズムに反感を抱いているわけではない。どうにも勝ち目のない体制を押しつけられるから、国際協調そのものを拒絶するようになるのだ。

そして本書の大部分を占める第三の主張は、グローバリズムは魅力的でインクルーシブ(あらゆる人を受け入れる)なビジョンを提示することができるし、またそうしなければならない、というものだ。そうすればフューチャー・ネーションの下に、全人類が結束する可能性は圧倒的に高くなる。

なぜいま、あえて「グローバル国家」なのか

グローバル国家というビジョンが、いまほど見当違いに思える時代はないかもしれない。「ブレグジット（イギリスのEU離脱）」の議論やドナルド・トランプが幅《はば》を利かせる時代に、グローバリストは歴史の流れに逆行する存在と思われがちだ。

ぼくが本書のためにインタビューした人の多くは、悲観的だった。オバマ財団やチャン・ザッカーバーグ財団の現役幹部や元幹部は、アメリカ国内だけでも危機や取り組むべき問題が多すぎて、グローバルな団結など考えることすらできないと嘆いていた。イギリス元副首相で、現在はフェイスブックの国際関係およびコミュニケーション担当のバイスプレジデントであるニック・クレッグは、一九八〇年代には国際協調が進むと期待していたが、結局ナショナリズムの力は衰えず、期待は徐々にしぼんでしまったと語った。

ギリシャの元財務大臣で、新たな汎ヨーロッパ運動「DiEM25」の創設者のひとりであるヤニス・バルファキスには、「ユニバーサル市民権」という発想には共感するが、「グローバル」という言葉にはあまりにマイナスイメージがつきすぎてしまったので、使わな

いほうがいいと忠告された。こんな時代にグローバリズムの必要性を訴えるのは、「いまのヨーロッパで左翼政党が共産主義をかかげて選挙を勝とうとするようなものですよ」とまで言われた。

コスモポリタンな立場から国際協調を目指す人々にとって、いまが難しい時代だということに異論はない。それでもぼくは、多くの人の抱く不安をやわらげ、それを前向きなエネルギーに転換したいと思っている。

「世界の出来事」を偏《かたよ》った視点から論じるのは、もうやめよう。そうすれば民族的ナショナリストによる国際協調の拒絶という動きが、実は世界的なトレンドではないことが見えてくるはずだ。

世界で最も人口が多く、最も急速な成長をとげている国々では、グローバルな連帯意識がいまも強まっている。次章で示すように世界では自らを「特定の国家ではなく、世界の市民である」と認識する人のほうが多数派であり、とくにインド、中国、フィリピンではその割合がとても高い。調査対象となった国では例外なく、大多数の人が「環境のような問題については、国際機関にルールの強制力を持たせるべきだ」と考えている。ポピュリストの扇動にゆれる国々も例外ではない[10]。世界がグローバル主義に背を向けたと言われるなかで、意外な結果ではないか。

グローバル・アイデンティティがいまも強まっているのは、教育の普及、言語の統合、マスメディアの普及、移動手段の改善といった、かつて狭い地域のなかでナショナリズムを高めた要因が、いまではグローバルに作用しているためだ。

こうした要因が働いているかぎり、グローバル市民というアイデンティティが醸成される条件は整っている。現在では想像するのも難しいが、同じような驚くべき変化は過去にも起きたことがある。一七八三年にヨハン・カスパー・リースベックがこう書いている。「(ドイツ人の)祖国に対する誇りや感情は、ドイツのなかでもそれぞれが生まれた地域に限定されている。同郷の者以外はドイツ人であっても外国人と同じである[11]」

だがそれから一〇〇年も経たずにドイツは統一された。いまではリースベックの時代にはドイツが四〇〇以上の国に分かれていたというのは想像もできない。意識の変化には時間がかかったが、それは歴史的偶然の産物ではない。国家が形成されるのは、共通のアイデンティティという概念が積極的に広められ、それが大衆の想像力を刺激したときだ。

いまのグローバリストのダメなところ

「誰もが世界市民である」というのは魅力的な思想だが、まだ受け入れようとしない人も多い。それはある意味当然だ。

まず一九八〇年からはじまった直近の経済グローバル化のうねりは、過去に例のない富を生み出した。それによって数十億人が貧困を脱し、グローバルな中産階級が誕生するとともに、最富裕層は一段と豊かになった。その一方、豊かな国の低技能労働者や世界の最貧層の経済状況は、ここ四〇年で少しも改善せず、相対的に見ればむしろ悪化した。絶対的に見ても四〇年前より所得が減ったという人も多い。

それに加えて多くのコミュニティが、アイデンティティの危機を感じている。マスメディアや一段とグローバル化する政治エリートの意思決定を通じて、グローバル社会の主流な文化が広がっており、それが伝統的暮らしを消し去ろうとしているように思えるのだ。富裕国では移民の大量流入によってコミュニティが激変しており、有権者は変化の速度をコントロールできないという無力感を抱いている。

また多くの人の目から見て、現在のグローバル体制はきわめて不公平だ。国際政治を牛耳るのは、国連安全保障理事会の五つの常任理事国で、いずれも核保有国である。そのうち四カ国は白人が多数を占めるキリスト教国だ。こうした国々の指導者は人権問題をよくやり玉に挙げるが、国際政治の実態は人権問題のパロディにも見える。そして強国の内部にも、グローバル体制は民主主義など歯牙にもかけない絶対的エリートに支配されていると感じている人は多い。

こうした状況に対する怒りが表出した例をふたつ挙げよう。

ひとつはヨーロッパや北アメリカの民族的ナショナリズムだ。「トランパブリカン（トランプに心酔する共和党員）」やドイツの極右政党「ドイツのための選択肢」、オルバン・ヴィクトル率いるハンガリーの右派政党「フィデス・ハンガリー市民同盟」などである。

もうひとつはさまざまなイスラム政治勢力で、たんなる強硬派（トルコのエルドアン大統領やエジプトのムスリム同胞団）から、残忍な過激派（「イスラム国」やアルカイダ）まで幅広い。

一見まったくことなるこうした政治運動の根っこには、支持母体となる人々の所得を奪い、アイデンティティを壊し、不当な仕打ちをするグローバル体制を破壊しようとする同じ欲望がある。いずれもそうすることで、あやふやな過去の記憶のなかだけに存在する架空の黄金時代を取り戻そうとしているのだ。

グローバリストはこうした運動に加担する人々を「悪者」と切り捨てる。もちろん特定の層のみにアピールするトランプの人種差別主義、イスラム国の見境のない残虐行為など、運動の指導者の手法は容認できない。

だがその多くは明らかに不公平な現体制の産物だ。彼らの手法を非難するだけで、そもそもこんな怪物を生み出した体制の問題点を放置することは許されない。

フューチャー・ネーションの6原則

こうしたことを踏まえて、ぼくはまっとうなグローバリズムを体現する、「フューチャー・ネーションの六つの原則」を提唱する。将来的にいまよりずっと多くの世界市民の支持を得られるはずだと確信している。公正で一体感のある世界のビジョンを示すことで、狂信者を説得することはできなくても、その支持基盤を徐々に弱体化させることはできるだろう。

最初のふたつの原則は、世界市民の自己認識にかかわるものだ。

まずグローバリストの言う「私たち」とは誰か、真にインクルーシブな定義が必要だ。白人、先進国、民主主義、世界において重要な人々といったニュアンスをごちゃまぜにした「西洋人」というあいまいな言葉を使うのは、もうやめるべきだ。このおそろしく便利な言葉は「私たちとそれ以外」という非常に危険な世界観を生み出す。台頭しつつある中国にも同じリスクがある。漢民族（世界人口に占める割合はいわゆる「西洋人」とほぼ同じ）だけを優遇するグローバル・コミュニティを創ろうとする過ちは、何としても避けるべきだ。

「私たち」を定義したら、次はグローバル国家が何を目指し、何に抗《あらが》うかを明確にする必要がある。地球上のあらゆる国がすでに「持続可能な開発目標（通称ＳＤＧｓまたはグローバル・ゴールズ）」を受け入れた。これは人類の幸福を増進し、地球を守りたいという共通の願望の表れだ。重要なのは、いまはまだ無味乾燥な国連の合意文書にすぎないこの目標を、いかにして世界中の誰もが心から支持するようなミッション（使命）へと変えていくかだ。

またグローバル国家の敵は特定の人間ではなく、疾病や気候変動といった人類共通の脅威だという認識を広めるには、それ以上の想像力が求められる。人類はこれまでにもたびたび想像力を発揮し、より大きな集団をうまく機能させるために発想の飛躍を成しとげてきた。今回も同じことができるはずだ。

次のふたつの原則は、人々が大切にしているアイデンティティや制度が排除されたり破壊されたりしないように、保護するためのものだ。国際協調が進展しても、人類の生み出した組織体として最も成功した「国民国家」という枠組みは維持し、強化する必要がある。現存する二〇〇あまりの国民国家には可能なかぎり自律性を残し、互いに危害を及ぼさないという基本ルール以外に制約を課すべきではない。

ここでとりわけ重要なのは、国民国家への移民の流入を、国民が民主的にコントロールする権利を尊重することだ。グローバリストはこの点において、民意に背《そむ》いたり無視したりするきらいがある。嫌がる国民に無理強いしなくても、いずれ人の移動を活発にする政策が支持される時期が来るという信念を持つべきだ。

最後のふたつの原則は、最も大胆に改革を進めるべきふたつの分野にかかわる。国や地域によりことなる課税制度がパッチワークのように併存しているいまのグローバル経済では、誰よりも豊かな個人や企業が税金を払わないという選択ができてしまう。これは各国が個別に解決できる問題ではない。グローバル化した世界には富裕層が豊かになる手段だけでなく、政府が彼らに応分の負担を求める手段も整備しなければならない。

さらに私たちは、よりフェア(公正)な地政学的秩序を築く必要がある。グローバル国家に、国民国家の内政にいちいち首をつっこむ巨大な政府を置く必要はない。武力を正当に行使する権限だけを、国連に集約すればいい。フェアな世界を実現するためには、紛争発生時にどのタイミングで介入するかといった国際社会にとって最も重要な意思決定を、できるだけ多くの国が参加するかたちで下すようにすることが必要だ。

いずれも各国の政府がすぐに実施できることではない。フェアで協力的な世界を求める社会運動が世界中の人々の心をとらえるまで、改革に向けた政治的意思は生まれないだろう。一度の選挙期間どころか、一世代では終わらない取り組みになる。

国家建設の試みが成功するまでには、通常一〇〇年はかかる。失敗に終わるケースも多い。成功の保証はないが、振り子が国際協調の方向へ戻ってくるのか、それとも怒れるポピュリストの方向へ振り切れてしまうのか。
決めるのは私たちの選択である。

第1章 グローバリストとナショナリスト

「世界は小さくなっている。地図の上でも、われわれの心のなかにおいても。世界中で何百万という人が、さながら同じ町に住んでいるかのように同じ考えを抱いている」

――ウェンデル・ウィルキー『ワン・ワールド』（一九四三年）

グローバリストとナショナリストは、不倶戴天《ふぐたいてん》の敵と見られがちだ。

グローバリストが重視するのは、国家間の相互依存性、国際協調の恩恵、人類の共通性だ。一方ナショナリストの関心は、国民がお互いに対してどんな責任を負うべきかにある。

どちらの立場も本来不合理なものではないが、それぞれの政治的影響力が大きくなったことで、一方を信奉する人にとって他方は非難すべき対象となった。

だが実はグローバリズムとナショナリズムには、それぞれの陣営が考える以上に共通点がある。

ナショナリズムは「王政からの解放」運動だった

今日私たちがナショナリズムと呼ぶものは、明らかに近代の現象だ。一八世紀後半から一九世紀にかけてヨーロッパで生まれ、大きな成功を収めたために、世界中で積極的に取り入れられた。

その基礎となるのは、あらゆる人は生まれつき平等で、自らの利益を最もよく代表する人々によって統治されるべきだという考えであり、それを体現したのがフランス革命だ。

つまりナショナリズムは本来排他的ではなく、インクルーシブなプロセスだったのだ。その目的は、権力を持ったひとにぎりの世襲制の君主や貴族が支配する国家から、民衆が主権を持つ国家への移行だった[1]。

「国民」とは？「国民国家」とは？

「民衆に主権がある」という場合、その民衆とは誰を指すのか。

ナショナリストはそれぞれの国家は「国民」と呼ばれる自然発生的な集団を擁する、と説明する。[2] この国民（自然発生的な集団）と国家（単一の政府が支配する領土と民衆）の一致によって、「国民国家」が生まれる。それは主権、統治、集団的意思を持ち、共通の歴史と運命によって結ばれている。

ナショナリストのこうした主張は民衆の支持を集め、世界中で帝国、王国、公国が崩壊した後に国民国家が誕生する原動力となった。

「国民」の範囲をどう区切るかは、なかなか難しい。同じ言語を話せば同じ国民なのか？　その場合、たんなる方言と別の言語をどうやって区別するのか？　地理的要因はどんな役割を果たすのか？　宗教は？　同化政策によって民衆をまとまりのある国民に変えることは可能なのか、それとも既存の文化的境界に応じて政治的国境を引き直すべきか？

世界各地のナショナリストは広い視野に立ち、大胆な発想で「自国民」を定義しようとした。南米ボリビアの革命勢力、中東や北アフリカのアラブ系ナショナリストたちは、広大な地域に住む同じ言語を話す人々によって、単一国家を創ろうとした。スイスやユーゴスラビアのナショナリストたちは、言語や宗教は違っても近隣に住む者同士で国民国家を創ろうとした。フランス革命の初期の指導者の多くがそうであったように、「人類」というくくり以外に国民を分ける境界は存在しないと考える者もいた。一七九〇年代のフランスの国民議会には、どこの国の国民でも参加できた。フランスが一七九二年から一八一五年にかけて戦った戦争は、誰もが自らに与えられた自由を謳歌すべきだという思想に支えられていた。

ここに挙げたインクルーシブな国家を創ろうとする試みが頓挫《とんざ》したのは、野心が足りなかったからではない。野心を実行に移すのが困難だったからだ。南米は結局九つの国家に分裂し、アラブ「国民」は現在、二二の国家に分かれている。スイスは存続したが、ユーゴスラビアは崩壊した。

ただ国民国家が首尾よく立ち上がったところでは、人類史上最もインクルーシブかつ平等で、民衆の解放につながる政治が行われた。農奴は解放され、君主の権限は廃止あるいは制約され、大昔に貴族階級に与えられた特権は消滅した。それに代わり、国民と政府に関するまったく新しい概念が生まれた。すべての国民国家が民主制をとり入れたわけではなかったが、少なくとも代表制を標榜していた。

国民国家は人々の心の琴線《きんせん》に触れるような、共通のアイデンティティにまつわる物語やシンボルを生み出した。民衆が家族や村、領主や国王のためではなく、数百万人の同胞のために必要とあれば命を捨てようとしたのは、おそらく人類史上はじめてのことだ。

一七九二年にヴァルミーの戦いを目の当たりにしたゲーテは、この重大な変化を指摘している。「世界史の新たな時代が幕を開けた」と。[3] 寄せ集めのフランス軍が、装備や訓練で勝るプロイセン軍を破ったのは、おそらく愛国心で勝《まさ》っていたためだろう。戦闘のあいだ中、フランス軍からは「国民万歳！」というときの声があがった。軍隊が国民のために戦うという思想が明確に生まれたのは、これがはじめてだ。[4]

ナショナリズムは「排他的」でも「人種差別的」でもなかった

ここからわかるように、ナショナリズムは狭量で排他的だという批判はまちがっている。ナショナリズムとは本来、共通の理念の下に幅広い人々を結集させる試みなのだ。

それを端的に示すのが、ヨーロッパのナショナリズムの始祖、ジュゼッペ・マッジーニの人生だ。マッジーニはイタリアの国民国家の創設に重要な役割を果たしただけでなく、ヨーロッパ全土にナショナリズム運動を広めた。マッジーニにとって国民国家の創設は「人類の普遍的連帯」に向けた第一歩にすぎなかった。

「すべての国民はまず自らの国家を創設しなければならない。人類共通の問題に頭を悩ませるのはそれからだ」[5]

今日のナショナリズムにも、同じような普遍性を持つものがある。スコットランドのナショナリストは、スコットランドの国民はイギリス（グレートブリテンおよび北アイルランド連合王国）から離脱したほうが良い、と主張する。歴史的にも、また伝統的にイングランドよりも左翼的な政治志向からも、独立国家となったほうが統治形態として自然だというのだ。

この主張が正しいかどうかは別として、スコットランドのナショナリズムは排他的でも人種差別的でもない。新たに建設する国民国家から、イスラム教徒、シク教徒などスコットランド内の民族的マイノリティを排除するという発想はない。スコットランド政府は移民を「ニュー・スコッツ（新たなスコットランド人）」と呼んで歓迎し、学校教育では「世界市民」であることを重視するカリキュラムを推進し、イギリスの離脱後もスコットランドはEU内にとどまれるよう努力している。

ナショナリズムを反グローバリズム、狭量さ、人種差別主義と同義と見るのはやめるべきだ。歴史を振り返れば、ナショナリズムは人々を団結させるための仕掛けだった。近代的な統治制度によって人間の原始的な本能を抑制し、きちんと定義された集団のなかで積極的役割を果たすよううながすための仕組みだった。その集団の定義をどこまで広げられるかという点については、ナショナリズムはまだ明確な答えを出していない。ナショナリズムという言葉が、反グローバル主義者、狭量な人々、人種差別主義者に乗っ取られているのだとしたら、その原因を考える必要がある。

グローバリストは「根無し草」か

一方、グローバリストはどうだろう。自分以外に忠誠心を持たない、コスモポリタンという名の根無し草なのか。

近代グローバリズムの始祖であるイマヌエル・カントは明らかに違った。カントは全人類に公平・公正をもたらす単一の世界政府の創設を訴えた。ただそのようなグローバリストでありながら、故郷のケーニヒスベルクを一度も離れたことはなく、祖国にしっかりと根を下ろしていた。何より「世界への愛国心と祖国への愛国心」の両方を重視し、「コスモポリタンにはどちらも必要だ」と語っている。[6]

今日のグローバリストの多くは、カントと同じタイプだ。複数国に住む四万五〇〇〇人を対象とする大規模な意識調査では、「自分は世界市民だと思うか」との問いに「非常にそう思う」と答えた人のうち、過半数（五六％）が母国に「強い誇り」を感じていると答えた。[7]

ここからわかるのは、グローバリストには反グローバリストと同じぐらい愛国心があることだ（「自分は世界市民だと思うか」に「まったくそう思わない」と答えた人のうち、母国に「強い誇り」を感じていたのは五八％）。母国に「強い誇り」を抱いている割合が最も低かった（わずか三五％）のは、グローバリストでも反グローバリストでもなく、「自分は世界市民と思うか」という問いに「どちらともいえない」と答えた人だった。これは愛国心を弱めるのはグローバリストという新たなアイデンティティではなく、世界に対する無関心であることを示している。

この調査結果は一見、奇異に映る。反グローバリストの言い分に照らすと、なおさらだ。イギリスのテリーザ・メイ元首相は国民に向けてこう言い放った。

「自分が世界市民だと思っている人間は、どこの市民でもありません[8]」

グローバリストが反グローバリストと同じように母国を誇りに思っているなどということがあり得るのか？

政治科学者のロバート・パトナムは社会的結合を調査し、多様な社会集団と交流がある人ほど、自らの集団に属する人とも深い交流があることを示した。たとえばアメリカの白人について調べたところ、白人以外の友人が多い人ほど、白人の友人も多かった[9]。

政治論争をいったん忘れて、あなたの身近な人々のことを考えてみると、納得できるのではないか。世界の問題を真剣に考えている人は、自分の国の問題に無関心だろうか。国際的な慈善団体に寄付する人は、国内の問題に寄付することをまちがっている、あるいはつまらないことだと思うだろうか。家族や地域のコミュニティ組織との絆を強く感じている人が、国内あるいは国際問題には興味がないということがあるだろうか。

ぼく自身、地域的なアイデンティティと国際的アイデンティティは相互に補強しあうことを経験的に知っている。ぼくが社会に出たころ、父の祖国であるイラクは二〇〇三年の有志連合による侵攻とそれに続く内戦によって疲弊していた。一度も訪れたことのなかったこの国の惨状にショックを受け、ぼくは教育改革を通じて中東の状況を改善しようと決意した。でもすぐに、どうすればこの経験をイギリス国内で社会正義を推進するのに生かせるだろうかと考えはじめた。いまでも本業は中東地域の開発だが、空き時間の多くは教育専門家らと設立したノース・ロンドンの学校での仕事に充てている。海外での仕事によって、イギリスの子供たちに良い教育を受けさせたいという思いが強まり、能力も磨かれたと思う。

ぼくの経験は特別変わったものではないだろう。だがグローバリストは、自分たちに向けられる批判を真に受けてしまうことが多い。

本書のために取材したアメリカの慈善団体の幹部は、ぼくに罪の意識を打ち明けた。自分のような国際問題に熱心に取り組む人々は、国内問題にもっと関心を向けるべきなのだろうか、と。だが会話を進めるうちに、この女性は国内の慈善団体に寄付をし、国内政治に関心を持ち、進んで高い税金を払い、子供の学校ではＰＴＡのメンバーとして積極的に活動していることがわかった。「根無し草のコスモポリタン」がそんなことをするわけがない。

グローバリストを固有のアイデンティティを持たない人々と考えるのは誤りだ。ナショナリストと同じように、グローバリストも強い帰属意識を抱いている。彼らがグローバル・コミュニティに惹かれるのは、かつてナショナリズムが人々を魅了したのと同じ理由からだ。グローバリズムは私たちがすでに抱いているアイデンティティの上にもう一層、強力なアイデンティティを加えるものだ。

過去のグローバリストがすべて失敗したわけ

「人類共通の、単一のコミュニティ」というアイデアは、目新しいものではない。コスモポリタン思想は二〇〇〇年以上も前から、全人類がひとつのコミュニティの市民となる可能性を示してきた。

紀元前五世紀に登場した仏教は、おそらく人類史上初の普遍性を持つ信仰体系だろう。地中海地域初の真のコスモポリタンはローマ人だった。国土を広げ、征服した地域の人々を対等の市民として受け入れたのは、彼らがはじめてだ。

二一二年、カラカラ帝はローマ帝国領内の全自由民に市民権を与えた。帝国の住民から見れば、既知の世界の大多数が市民権を与えられたに等しい〔10〕。ローマ帝国崩壊後に興隆したキリスト教やイスラム教といった大規模な宗教は、ローマのコスモポリタンなマインドセットを受け継いでいた。それ以前の地域宗教とことなり、全人類が同じコミュニティのメンバーになれると約束したのだ。そのずっと後に登場したマルクス主義は、まったく別種の救済を提示しつつ、全人類の団結をうたっていた。

人類の統合を目指した過去の試みがことごとく失敗に終わったのは、成功する条件が整っていなかったためだ。どれも非常に魅力的な思想だったが、既存のコミュニティが受け入れを拒み、強制的に押しつけることもできなかった。思想に賛同する人々のあいだでも、政治的団結を長期間にわたって維持できなかった。

ここに挙げたグローバリストの思想が台頭したのは、ヒトやアイデアの移動や伝播にいまよりずっと時間がかかり、範囲もかぎられていた時代だ。万人が共感するような単一の物語、共通のシンボルや儀式、運命共同体という概念など、彼らの使った手段は、その後ナショナリズムが一体感を醸成するのに使ったものと同じだ。

しかし初期のグローバリストは自らの提唱する共通のアイデンティティを浸透させるために、規範を押しつけるきらいがあった。普遍的宗教は、人はみな平等であると主張するだけでなく、同じ神を敬《うやま》うことも求めた。マルクス主義は「万国の労働者よ、団結せよ！」と説くだけでなく、「資産は窃盗である」という主張に同意を求めた。ナショナリズムに人々を団結させる力があったのは、必ずしも規範を押しつける必要がないからだ。人々が同じコミュニティに帰属していると思うこと以外に、前提条件はない。

ナショナリズムが世界を変えた4つの要因

ナショナリズムが社会を変革できたのは、それが思想としてすぐれていたためだけではない。当時、世界中で四つの重要な変化が起きていたからだ。

その引き金となったのが産業革命だ。ナショナリズムは産業化による社会の近代化とともに広がった。産業革命はまずは一八世紀の西ヨーロッパではじまり、一八世紀後半から一九世紀にかけてヨーロッパの他の地域や北米に広がり、一九世紀後半から二〇世紀初頭にはアジアやアフリカに浸透した。それとともにナショナリズムが成功するのに必要な条件も整っていった。

私たちの時代の新たな特徴は二〇世紀後半以降、同じ四つの変化によってまさにグローバルな規模で社会の変化が進んでいることだ。つまりグローバル国家という概念が実現する条件が整いつつあるのだ。

要因１　教育の普及

ひとつめの変化は教育の普及だ。産業化以前は、社会のほとんどの構成員が農業に従事し、教育を受けていなかった。ある場所に生まれ落ちたら、地理的にも社会的にも死ぬまで移動することはなかった。民衆がそれぞれの土地を動かず、共通の国民的文化が形成されなかったために、ひとにぎりのエリートが多種多様な民衆を支配することができた。

この少数の教育を受けた社会的移動性のあるエリートたちには、国家そのものと結びついたアイデンティティがあったが、それは民衆の大多数と共有されていなかったので、ナショナル・アイデンティティとはいえなかった。

たとえば産業化以前のオスマン帝国では、教育を受けたエリートには自らをオスマントルコ人と考える人が多かったが、彼らが支配していた民衆の大多数にその意識はなかった。[11]彼らは自らをマロン派教徒、イスラム教徒、ブルガール人、バグダード人、あるいは特定の部族民や農民としか考えていなかった。[12]

たとえばロシアのように、支配者と被支配者のあいだに重要な文化的違いがないところでも、エリート層はあえて違いを生み出した。[13]ロシア正教会は通信文を一般の人々には理解できない古代スラブ語（古代教会スラブ語）で書き、ピョートル大帝は日常的にフランス語を使っていた。

こうした状況を変えたのが、大衆教育だ。農業一辺倒だった経済が多様化していくなかで、基礎教育を受けた人材の必要性が高まった。それによって教育を受けた、社会的移動性の高い民衆が生まれ、その文化圏は最低でも自らの国家、ときにはそれ以上に広がった。上位文化の一員となった彼らは、土地に縛られていた祖先ほど無批判に支配階層を受け入れようとはしなかった。

大衆教育が普及した地域では、ナショナリズムが沸き起こった。プロイセンでは一七七〇年に一五%だった識字率が、一八三〇年には四〇%に高まった。[14]前章で見たとおり、これはドイツは単一の国家だという考えが、絵空事から確固たる現実へと変化した時期と重なる。アラブ世界への識字率とナショナリズムの到来は、それよりはるかに遅かった。一九二〇年代のこの地域の識字率は二〇%に満たず、アラブ・ナショナリズムも盛り上がりに欠けた。しかし一九二〇年代から五〇年代にかけて就学率は大幅に上がり、民衆に教育が普及した。[15]こうして一九五〇年代にはナショナリズムの機運が盛り上がり、多くのアラブ諸国で政変が起きた。

今日、教育は世界中に普及している。一九七〇年にはナイジェリア人の四分の三、中国人の五分の二、ブラジル人の三分の一が学校教育を受けていなかった。それがいまは世界の就学年齢の子供の九〇%以上が学校に通っている。この結果、人類のうち読み書きのできる人の割合は、一九六〇年代の四二％から、二〇一四年には八五％まで上昇した。

教育の実施主体は通常、国民国家の政府だが、しだいにグローバルな取り組みになっている。ＰＩＳＡやＴＩＭＳＳのような国際ランキングは、各国にすぐれた成果をあげている国々を見習い、そのカリキュラムや教育方法を採用する圧力となっている（ＰＩＳＡはＯＥＣＤ〔経済協力開発機構〕による生徒の学習到達度調査。ＴＩＭＳＳはＩＥＡ〔国際教育到達度評価学会〕が実施する国際数学・理科教育動向調査）。これはたんに豊かな国から貧しい国に知識を移転するプロセスではない。イギリスはシンガポールの数学の教育方法を取り入れた。[16] 数学、科学、そして言語という重要分野については、学習すべき内容のグローバル・スタンダードが形成されつつある。

要因２　「共通語」の誕生

ナショナリズムが成功する素地を整えたふたつめの要因は、教育の普及によって国民の共通言語ができあがったことだ。

今日ではフランス語、ロシア語、日本語といった単一の言語が存在することが当たり前に思える。しかし産業化がはじまった当時の状況はまるで違った。それぞれの土地に根差した農業社会には多数の方言が存在しており、人が村から村へと移動するなかで方言同士も入り混じっていった。それによって国家の境界をどこに引くかという判断は、一段と恣《し》意《い》的になった。[17]

大衆教育によって人々の意識が変わると、学者や役人が共通語を制定し、普及させることが可能になった。通常は文化的に影響力の大きい集団の方言がそのベースとなった。イタリアではトスカーナの、中国では北京の、日本では江戸（東京）の言葉が共通語となった。選に漏れた方言も少なくとも当初は存続したが、二次的存在に追いやられ、文学、正式な商取引、上流社会からは排除されていった。

単一の公用語が誕生し、読み書きのできる国民の数が増えると、国家レベルのアイデンティティの変化が起きた。必ずしもすべての国民が新たな言語を使う必要はなかった。イタリアでナショナリズムが沸き起こった当初、のちに標準語となったイタリア語を話していたのは国民の五％にすぎなかったとされる。[18]ドイツでナショナリズムに火がついた一九世紀初頭、文語（文字で書かれた言語）を読めたのは二五〇〇万人近い人口のうち、五〇万人に満たなかった。[19]しかしこうした言語は国家の発展に不可欠なものとみなされ、急速に普及し、それとともに統一的アイデンティティも広まった。

今日のインドは、このプロセスがなかばまで進んだ状態といえる。英語に加えて最近はヒンドゥー語が共通語として、教育を受けたインド人を共通のアイデンティティで結びつ

けるのに役立っている。

しかし依然として言語的多様性は残っている。インド人というナショナル・アイデンティティは存在するものの、他の多くの国と比べてそこまで明白ではないのは当然といえる。

今日、言語の集約は世界的に進んでいる。すでに世界人口の四分の一が英語を理解するといわれる。標準中国語を話す人口もほぼ同じだが、英語の果たす役割はまったく違う。エリート層には少なくとも最低限の英語を理解する能力が求められる。大都市のタクシー運転手やコールセンターのスタッフなど、国際的な顧客を相手にするサービス業に従事する人も同じだ。それはアメリカ人、イギリス人、オーストラリア人とコミュニケーションをとるためだけでない。世界で英語で行われる会話のうち、参加者に英語を母国語とする人が一人もいないケースは増える一方だ[20]。

英語を母国語とする国々の政治経済的な影響力が低下しても、英語学習熱は衰えていない。それは史上初の世界共通語を操れると、確実にメリットがあるからだ。中国政府は毎年行われる同国の大学入試「高考」を通じて、九四〇万人の受験生に基本的英語能力の習得をはっきりとうながしている[21]。

言語の集約によって、グローバリストのアイデンティティは一段と強まる可能性がある。近い将来、テクノロジーによってこのプロセスは完結するかもしれない。言語学者のニコラス・オストラが主張するように、英語は最初で最後の世界語となる可能性がある。[22] 人工知能のおかげで、ソフトウエアがあらゆる言語を私たちの母国語にスムーズに翻訳してくれるようになり、共通語を学ばなくてもあらゆる人とコミュニケーションができる時代がまもなく到来するかもしれない。

要因3　マスメディアの登場

ナショナリズムの追い風となった三つめの要因はマスメディアだ。産業化の進む国々で、読み書きができるようになり、言語を共有するようになった国民は、当時最先端のソーシャルメディアを渇望した。新聞である。

同じ内容の載った新聞が毎日、あるいは毎週何千部と印刷され、一斉に配られるようになったことで、幅広い国民がそのとき起きている出来事を共有できるようになった。どの国のナショナリズムの歴史を振り返っても、新聞の登場は重要な位置を占めている。

もちろん、それは国民全員が新聞を読んだということではない。一九世紀初頭にイタリアという国家がまさに誕生しようとしていたころでも、二五〇〇万の人口がありながら、最も部数の多い新聞でも一万部を超えていなかった。一部の新聞を複数の人が読んでいた（あるいは周囲の人に読み聞かせていた）としても、人口の一％以上に読まれた記事があったかは疑問だ。[23]それでもイタリア、アラブ地域、インド、植民地支配下のアフリカ、東南アジアのすべてにおいて、新聞がナショナリスト感情を高めたのはまちがいない。

この点においては、グローバル国家は二〇〇年前のイタリアよりずっと進んでいる。人類のほとんどはいま、世界中のコンテンツや視聴覚文化に接している。ユーチューブとフェイスブックはそれぞれ二〇億人ものアクティブユーザーを抱え（二〇一八年五月時点）、その数は五年でほぼ倍増した。[24]ユーチューブで話題になったリンクの視聴回数は、ほんの数週間で一〇億回を超えることもある。一人が何度も視聴することを割り引いても、世界人口の五％以上が同じリンクを見ていることになる。[25]二〇一八年のサッカー・ワールドカップ決勝は、世界人口の約一五％に相当する一〇億人以上が観たとされる。二〇〇六年の決勝の四億人以下から大幅に増加した。[26]

本書執筆時点では、ソーシャルメディアの普及は、自分と同じような価値観や意見を持つ人としか交流しない「エコーチェンバー現象」を増幅し、社会的分断を助長するというのが通説だ。[27]

しかし最近の研究では、それが誤りであることが示されている。[28]ソーシャルメディアによる情報の民主化やデジタル化が、政治の二極化やユーザーの偏見を助長したわけではない。政治が二極化したのは、とくに二〇〇八年の世界金融危機以降、世論が実際に二極化したためだ。ソーシャルメディアは二極化した世論やフェイクニュースをリアルタイムに映し出したことで、それを顕在化させただけだ。一方、ロシアによるアメリカ大統領選挙への介入は、国民国家の選挙戦もいまやグローバルな戦いになったことを示している。

ソーシャルメディアにより、社会問題をめぐる議論が一段と普遍性を持つようになっていることを示すエビデンスはたくさんある。顕著な例のひとつが「#ＭｅＴｏｏ」運動だ。このソーシャルメディアが主導した女性に対する性暴力への抗議運動は、二〇一七年から一八年にかけてまさにグローバルな現象となった。ぼくが中国で取材した人々は、外国ではじまった社会変革運動が中国でこれほど注目され、広がりを見せたのははじめてだと語った。グローバルな社会運動が中国の「グレート・ファイアウォール」さえも突破したという事実は、ことなる「文明」を隔《へだ》てる幻の壁を超越する、グローバルな文化規範が生まれつつあることの兆候だ。

要因4　ホワイトカラー層の「往来」

ナショナリズムを推進した四つめの要因は、事業家、学者、官僚の移動が増えたことだ。ほとんどの人は生まれ故郷を一度も離れることがなかったが、各地を移動することの多い知識階層はナショナリズムの信奉者となることが多く、その思想がマスメディアを通じて文字を読むことを覚えた大衆に広まった[29]。

厚みを増す知識階層の往来は、蒸気機関を使った鉄道など輸送技術の発達によってさらに活発になった。先陣を切ったのはイギリスで、一八二五年にイングランド北部のストックトンとダーリントンを結ぶ初の公共旅客サービスが開始された。

その後人々の移動性は飛躍的に高まり、陸路の長距離旅行は大金持ちだけが楽しめる贅沢で時間のかかる娯楽から、中産階級の日常の一部へと変わっていった。イギリスの鉄道旅客数は一八四〇年のほぼゼロから、一八五〇年代には年間一億人を超え、一九〇〇年代初頭には年間一五億人という驚くべき成長をみせた[30]。一八四〇年代にはヨーロッパ全土で、一八五〇年代にはインドで、一八七〇年代からは南米、中国、日本で鉄道が建設された。鉄道ネットワークによって学者、商人、官僚のネットワークが形成されるなか、ナショナリズムの思想は大いに盛り上がった。

近年、グローバルに移動するエリート層にも同じような爆発的増加がみられる。人類が船ではじめて世界を一周してから五〇〇年が経つが、これほど経済のグローバル化が進んだ時代はない。過去に例のないほど大勢のビジネスマンが世界を舞台に活躍しているだけでなく、その顔ぶれも実に多彩だ。初期のグローバル化を主導したのはヨーロッパ人とヨーロッパ出身の植民地開拓者だったが、いまではどこの空港ロビーを見ても、状況はまるで違う。学術界では伝統的に人の移動が活発だったが、いまやすっかりグローバル化した。とくにかつての共産主義国の自由化、そしてアフリカやアジアで新たな中産階級が台頭して以降、それが顕著になった。

　このふたつの変化を象徴するのが中国だ。一九八〇年代まで中国の学者は、海外とまったく交流がなかった。だが二〇一六年には四六〇万人の中国人が海外の大学に在学中あるいは卒業している。このうち五〇万人近くが博士号を取得している。[31]

　国際公務員の数も、過去に例のない規模に拡大している。世界初の国際的な非政府組織（NGO）である国際赤十字委員会が設立されたのは一八六三年だが、NGOが驚くべき成長をとげたのは第二次世界大戦以降だ。一九五〇年に活動している国際NGOの数は一〇〇〇に満たなかったが、一九七五年には五〇〇〇に増え、いまでは三万七〇〇〇を超える。[32] 各国政府がはじめての真のグローバル組織として、いまはなき国際連盟を設立したのはようやく一九二〇年のことだった。[33] それが現在は約五〇〇〇の政府間組織が存在し、このうち六〇〇は二〇〇〇年以降に設立されたものだ。[34]

　国連に直接あるいは間接的に雇用され、その組織文化にすっかり染まっている人の数は、一〇〇万～二〇〇万人に達しているだろう。[35] 国連と他の政府間組織（IGO）や国際NGO（INGO）の関係者には重複している部分もあるが、IGOとINGOを合わせた国際組織で働いている人、すなわち国際官僚機構に所属する人の総数はその数倍、数百万人に達すると見てまちがいない。

彼らが国際的に移動できるのは、かつて鉄道が果たしたのと同じ役割を、いまは飛行機が担っているからだ。二〇世紀後半まで、海外を自由に旅行できるのは富裕層の特権だった。鉄道の発明以前は陸路の旅がそうであったように。飛行機旅行は一九七〇年以降、爆発的に増えた。一九七〇年には年間わずか四億人だった旅行者数は、二〇〇五年には二〇億人、そしていまでは四〇億人に増加した。[36] 旅行者一人あたり平均六回、国際便に搭乗すると想定しても、昨年はおよそ一〇人に一人が国際便に乗ったことになる。

こうした事実は、かつて国民国家と呼ばれる領土のなかで起きた重大な変化が、いまやグローバルなレベルで起きていることを示している。かつてはこうした変化によって、人々のアイデンティティが変わり、ナショナリズムという新たな政治思想が生まれた。領土内のすべての人は平等であり、彼らを代表する政府によって統治されるという思想だ。かつて個々の国レベルで起きたこうした変化が世界規模で起きれば、人々の自己認識や社会における自らの立場についての認識が大きく変わるのは当然だ。

そうした変化はまさにいま起きている。だが最初のときと同じように、結果は予測できない。新たな社会的連帯への歩みも、紆余曲折がありそうだ。

途上国ほど「世界市民」を自認する人が多い

グローバル国家が本当に実現できるのか、懐疑的な人は多いだろう。これまで挙げてきた追い風要素（教育、公用語の誕生、マスメディア、ホワイトカラーの移動）が世界的に広がっているのは明らかだが、今日の政治では反グローバリズムのほうが優勢に思える。近年の選挙では、狭量なポピュリストの台頭が注目を集めている。

しかしグローバル・アイデンティティが強まっていることを示すエビデンスはたくさんある。両極端な主張に支持が集まる一方、中間的立場が減り、二極化が進んでいるのが実態だろう。

ナショナル・アイデンティティにかかわる最も信頼性の高いデータは、国際社会調査プログラム（ＩＳＳＰ）が定期的に三三カ国四万五〇〇〇人を対象に実施する調査だ。調査範囲はすべての大陸におよび、三三カ国の人口は世界人口の三分の一以上に相当する。対象者の教育水準や年齢層は、社会のそれをほぼ反映している。ナショナル・アイデンティティに関する直近の調査は二〇一三年に実施され、はじめて世界市民というアイデンティティに関する問いが含まれていた。

その結果は、グローバル・アイデンティティは少数のエリート層にかぎられた現象だという認識をひっくり返すものだった。「自国の国民というより世界市民という意識のほうが強い」という文に同意するか否かについて、イギリスでは回答者の四分の一が「同意する」あるいは「強く同意する」と答えた。その比率はアメリカでは二八％、日本では三〇％、ドイツでは三六％だった。一方、回答者のほとんどが教育水準が低く、豊かでもないインドでは、実に六三％が「自分は世界市民である」と答えている。フィリピンではその割合はさらに高く、七〇％だった。

全体的に貧しい国のほうが豊かな国より、グローバル・アイデンティティを抱いている人の割合は高かった。すべての国を合わせると、教育水準の比較的低い回答者のほうが、比較的高い回答者よりも世界市民という概念を支持していた。正式な学校教育をまったく受けていない回答者の半分が自らを世界市民であると認識していたのに対し、初頭教育を修了した人では四三％、大学の学位を持つ人では二五％にとどまった。各国の調査結果を人口に応じて重みづけすると、ＩＳＳＰのデータは世界人口の過半数が世界市民という意識を持っていることを示している[37]。

ＩＳＳＰの調査には、国際政治で今後一段と存在感を強めていくとみられる中国が含まれていない。ただ二〇一六年に二万人を対象に実施された国際価値観調査で、世界市民の意識について同じ質問をしたところ、回答者のグローバリストという自己認識はインドより中国のほうが高かった。

この調査では世界中でグローバル・アイデンティティが強まっていることも浮き彫りになった。二〇〇一年から八回にわたり、世界市民の意識について同じ質問を続けた結果を見ると、先進国では肯定的回答の割合が頭打ちになり、一五年のあいだに四五％から四二％へとわずかに減少した。一方、世界人口の大部分を占める途上国では、同じ時期に肯定的回答の割合が四四％から五六％へと大幅に上昇した。この変化を牽引したのは若者のようだ。一八六カ国の二万一〇〇〇人のミレニアル世代を対象にした二〇一六年の意識調査では、グローバリストという自己認識が多数派を占めていることが明らかになった。自分は「人間」（回答者の四一％）あるいは「世界市民」（同一八・六％）であるという回答が多く、「（自分が帰属する）国民国家の市民」という回答は大差で三位にとどまった。

日本と世界の動き

政治的空気を考えれば、先進国でグローバル・アイデンティティが頭打ちになったのは特段意外ではない。だが途上国では私たちが日ごろ目にするストーリーとはまったく違う、重大な現象が起きているのは明らかだ。インド人の六三％、フィリピン人の七〇％が自らを世界市民だと考えているならば、彼らが指導者としてナレンドラ・モディ首相やロドリゴ・ドゥテルテ大統領を選んだ事実を、ドナルド・トランプ米大統領や極右政党「ドイツのための選択肢」やフランスの「国民連合」が支持を集めるのと同列に見てよいのだろうか。[38]

答えはノーだ。両者はまったくことなる現象だ。中国、インド、フィリピンの人々の選択は、植民地時代の宗主国には以前ほど遠慮しない、その一方で世界に向けては大きく開かれた姿勢の表れだ。

社会的、経済的特徴については西ヨーロッパや北アメリカと共通点の多い日本も、世界に背を向けてはいない。日本政府は日本の発言力を高めようとしているが、国連でより大きな役割を手に入れることを通じてそれを実現しようとしている。貿易交渉を積極的に推し進め、国際連帯税なるものまで提唱している。為替取引を手がける金融機関から徴税し、国際開発の資金に充てようとする試みだ。[39]

ヨーロッパと北アメリカでは、グローバル・アイデンティティが消滅しかけているという誤解が広まっている。この地域でグローバリズムがひどく叩かれているのが原因だ。それは事実だが、ここまで見てきたとおり、世界市民という意識はいまも健在だ。

国連をはじめ伝統的にグローバル体制の中軸を担ってきた組織は、ポピュリスト政府の脅威にさらされている。しかしテクノロジーによって新たな協力の機会が広がり、新たなシステムが草の根から生まれている。その最たる例が仮想通貨だ。各国政府は国民国家が伝統的通貨をコントロールする能力を失うことに否定的だが、新しいタイプの世界通貨の勢いは止まらない。

「世界市民」を自認するのはどんな人々か

自らを世界市民と考えている人が世界には大勢いるわけだが、いったいどんな人たちなのか。

そこには実に多様な価値観、経験を持つ人々が含まれている。先進国の「世界市民」は、大学を卒業し、活気ある大都市に住み、しょっちゅう海外に旅行し、自国の政府が他国を援助することを支持する人々だ。ジェンダーの平等などグローバルな社会運動にも共感する。こうした人々はナイジェリア、中国、インドといったそれほど豊かではない国にもいるが、少数派にとどまる。

では教育機会が乏しく、海外に一度も行ったこともない人が大勢を占めるインドで、なぜ三分の二近くが「世界市民」という自己認識を持っているのか。移動性が低く、教育水準も低いインドの人々が、自らをグローバル・コミュニティの一員と考えるのはなぜなのか。

それは国家という概念が最初に広まったときと同じ理由だ。インドの人々は国を離れたことはなくても、田舎から都会へ移り住み、ことなる方言や習慣を持つ人々と知り合ったことはあるかもしれない。親戚や友人のなかに海外へ旅行したり、母国に送金したりする人がいる可能性も高い。海外からの投資や援助によって事業が立ち上がり、コミュニティに雇用が創出されたという人もいるだろう。親世代よりも可処分所得が増え、歯磨き粉や炭酸飲料など日常的にさまざまな外国製品に触れるようになった。こうしたさまざまな要因があいまって外の世界を意識する機会が増え、それに対するポジティブな印象が醸成された。だがそれ以上に強力な影響を及ぼしているのは、世界中の話題や画像を次々と提供してくれる視聴覚メディアの普及だろう。

こうした要因によって、人類の相当部分にグローバル・アイデンティティがしっかりと根を下ろすことになった。とはいえ、それが人々に及ぼす効果を過大評価するのは禁物だ。ぼくが取材した中国の研究者は、中国の大学で学ぶ外国人留学生（彼らの存在自体が新しい）の経験は、アメリカの大学で学ぶ外国人留学生とはまったくことなると指摘した。一般の学生からは社会的にも物理的にも完全に孤立しているというのだ。これは「中国人とそれ以外」というアイデンティティのほうが、同じ学生というアイデンティティよりも強いことを明確に映している。

中国のテレビ番組でのアフリカ人の描き方についても、同じことがいえる。それは二〇世紀なかばのアメリカに見られた人種差別的な有色人種のステレオタイプ化であり、いまでは許容されなくなったものだ。[40]「世界市民」という言葉のポジティブなイメージを自らに重ねているだけで、それとセットであるはずのコスモポリタンな価値観を実践しない人もいる。

グローバリズムはまだ根づいていない

ＩＳＳＰの調査には、興味ぶかい質問がほかにもふたつある。回答者は世界市民の意識に加えて、「他国との紛争につながる場合でも、国家は自らの利益を追求すべきか」、「環境汚染のような問題については、国際機関が解決策を強制する権限を持つべきか」についても見解を聞かれた。

途上国では世界市民という概念が幅広い支持を集めていたにもかかわらず、驚くほど多くの人が紛争を容認していた。自国が国益を追求するうえで紛争を避けるべきだと考えていたのは、トルコではわずか一二％、インドでは二七％、南アフリカでは二七％、フィリピンでは四〇％にとどまった。

これは仕方がない部分もある。過去二〇〇年にわたって弱者の立場に置かれてきた国々では、先進国に追いつこうとする意思が世界への帰属意識を凌駕することもある。植民地支配や紛争の歴史を振り返ると、途上国では正当な国益の追求でさえときには紛争につながることもあると考える人が多いのは当然だ。途上国の人々にとって「世界市民」という言葉が何を意味するのか、早とちりは禁物だ。

一方、国際機関が強制力を持つべきかという設問への答えは、驚くほど肯定的だった。調査対象となった三三カ国のすべてにおいて回答者の過半数が、環境のような問題については国際機関が対策を強制する権限を持つことを支持した。

回答を各国の人口に応じて重みづけすると、ＩＳＳＰの調査結果は世界人口の三分の二以上が、国際機関は強制力を持つべきだと考えていることを示唆している。政治的に拘束力のある国際合意を締結する難しさを考えると、驚くべき結果だ。ある意味では、一般市民は自らの代表である政府よりもグローバルなマインドを持っていることを示しているのだから。

もちろん意識調査で、単純化された問題に支持を表明するのはたやすいことで、どの国の国民も不当な扱いを受けたと思わないような強制力のメカニズムをつくるというのはまた別の話だ。紛争のリスクがあっても国益を追求すべきだと回答した人の多さを思えば、なおさらだ。

つまり状況は複雑なのだ。ヨーロッパと北アメリカで蔓延している「グローバリズムは死んだ」という説はまちがっている。しかしグローバリストという新たなアイデンティティがどれほど深く根を下ろしたかを、過大評価すべきでもない。大多数の人は「世界市民を自認する」「国際紛争を避けようとする」「国際機関に強制力を認める」など、ぼくが挙げたグローバル・アイデンティティの条件の少なくともひとつは満たしている。その一方、彼らの多くはこうした条件のどれかに疑問を持っている。調査データを各国の人口に応じて重みづけすると、この三つのグローバル・アイデンティティの条件すべてに肯定的な回答をした人は、全人口のわずか五％強（約四億人）にすぎない。

統一国家実現の3つの条件

こうした結果を総合的に見ると、世界はいま、ナショナリズムの揺籃《ようらん》期に各国が置かれていたのとちょうど同じ状況にあるといえる。当時、統一的アイデンティティを生み出すための経済的、技術的条件は整っていたが、まだほとんどの人の意識のなかに浸透してはいなかった。統一国家を目指した試みの多くが失敗に終わった。成功したものの、多大な犠牲を払ったケースもある。国家が最も効果的に、そして非暴力的なかたちで建設されたのは、三つの成功条件を満たしたところだった。

まずインクルーシブなアイデンティティを提示した。想定される領土の住民のできるだけ多くが、自分も仲間であり、同じミッションを共有していると思えるようなものだ。

そして住民が大切にしている社会制度やアイデンティティを保護し、国家の創設がそれ以前に存在していたものをかき消すような印象を与えなかった。

最後に国家というコミュニティがもたらす具体的メリットを示し、新たな国家の下でどれだけ暮らしむきが良くなるかという前向きなビジョンを打ち出した。

グローバリストはこのナショナリストの歴史に学び、自らも実践しなければならない。現在のグローバル・アイデンティティは普遍性に欠ける。グローバリストを西洋、すなわち「豊かで民主的な資本主義国家に住む白人」と同義ととらえる人はあまりに多い。ノーベル賞を受賞した経済学者のアマルティア・センは「こうした歴史観に立つ者は、西洋が世界に与えてきたすばらしい恩恵を、恩知らずの非西洋が批判、否定していると憤慨する傾向がある」と指摘する。[41]「グローバル」と「西洋」の混同が続くかぎり、グローバリズムへの不満はくすぶり続けるだろう。歴史を振り返ると、かぎられたメンバーだけを受け入れ、それ以外を排除するようなかたちで創設された国家が、結局暴力的混乱に陥ったケースはやまほどある。[42]

なぜグローバリストは嫌われるのか

今日「西洋主義」に対する反応は二種類ある。ひとつは強者の立場からの反応だ。インドや中国のような新たな強国は「非西洋」を自認し、西洋モデルからの決別を打ち出している。グローバリズムがもっと包容力を持つことができれば、ここから「私たちはどんなグローバル・コミュニティを目指すべきか」という新たな議論が生まれてくる可能性がある。一方、今後も「グローバル」が「西洋」と同義語であり続ければ、競合する勢力圏が形成され、世界の平和と安全を脅《おびや》かすリスクがある。

もうひとつは、弱者の立場からの反応だ。イスラム教徒のなかにはグローバル体制を自分たちのアイデンティティへの攻撃ととらえ、有効な対抗手段を見いだせないために場当たり的な暴力行為に及ぶ者もいる。

グローバリストにも、既存の国民国家というコミュニティを保護する意思を十分明確にしてこなかったという非がある。豊かな国にはグローバリズムに脅威を感じている人が多い。グローバリストは国境を一気に開放し、国民国家を破壊するか、少なくとも弱めようとしているように見えるからだ。

とくに脅威を感じるのは、豊かな国の教育水準の低い人々で、それは彼らの持っている最も価値ある資産はその国の市民権だからだ。[43] いまでも個人の生活水準を決定づける要因として、圧倒的に大きいのがどの国に生まれるかだ。アメリカの市民権を持つ低技能労働者は、同じ技能を持つナイジェリア人の一〇倍を稼ぐことができる。[44] 稼ぐ力だけではない。豊かな民主国家の市民は選挙制度を通じて、世界で最も豊かで最も軍事力の高い組織、すなわち自国の政府の針路決定に参画する権利も持つ。

グローバリズムはこうしたさまざまな恩恵に対する脅威と見られてきた。大量の移民が流入して雇用が奪われる、あるいは雇用自体が海外に流出するかもしれない。政府が国際協定に縛られれば、国内有権者の投票は意味を持たなくなる。国内の富裕層は慈善行為の対象を全人類に広げ、同胞を特別扱いしなくなるだろう。

高名な科学者で啓蒙家のスティーブン・ピンカーの次の文章を読むと、グローバリストは同胞を無慈悲に切り捨てると批判される理由がよくわかるはずだ。

「世界の貧困層がアメリカの下位中流階級の犠牲のもとに豊かになったのはまちがいない。アメリカの政治家なら、そうしたトレードオフに意味があると公言することはないだろう。しかし私たちは世界市民として、このトレードオフには意義があると断言する必要がある」[45]

社会的評価の高い知識人までがこんな発言をするのなら、アメリカの低技能労働者の多くがグローバリズムによって得られるものより失うもののほうが大きいと思うのも当然だ。

「富の集中」を助長するグローバリズム

最後にもうひとつ重要なのは、グローバリストは魅力的な改革目標を示してこなかったという点だ。そして現状維持を目指しているように見られがちだ。

グローバリストは人権問題については積極的に議論しても、世界の根深い経済的、政治的不公正を本気で正すつもりがあるのか、はっきりしない。富の創造が過去に例のない規模で進んでいるにもかかわらず、豊かな国の最貧困層と低技能労働者層の所得は近年伸び悩んでいる。労働者への所得分配率は低下する一方、ごくひとにぎりの富裕層に富が集中してきた。ギリシャやアルゼンチンのような中小規模の国々は、資本の激しい流入・流出によって経済が不安定化した。

グローバル経済の構造問題に起因するこうした悪影響こそ、今日のグローバル化への反感の大きな要因だ。問題の解決にはさまざまな手を打つ必要があるが、これからひとつの国家となろうとしている世界において最も看過できない問題だとぼくが思っているのは、世界で最も豊かな人々が税金をまったく、あるいはほとんど払っていないという事実である。

世界の大富豪は、経済のグローバル化の進展によって最も恩恵を受けており、それゆえに最も多くを還元できる立場にある。しかしグローバル・コミュニティはこれまで、富の創造につながる条件を整えることには熱心でも、公正な課税のためのシステムづくりはおざなりにしてきた。このため国民国家を支えるための資金、そして世界の発展に向けた対外援助の資金は、超富裕層をのぞく一般納税者が負担してきた。

これがグローバリズムはつまるところ、富裕層を一般人の犠牲のうえにさらに豊かにするための仕組みにすぎないという印象を強めている。イギリスやブラジル、パキスタンやフィリピンなど、近年のさまざまな国の選挙を動かしてきたのは「怒り」だ。国家の発展に寄与することより、（たいていは違法な手段によって）私腹を肥やすことにいそしんできたエリートに対する怒りである。

いじめっ子が支配する校庭

経済的不公正以上に人々が怒りを感じているのは、政治的不公正だ。アフガニスタンやイラクに侵攻し、リビア、シリア、セルビアを爆撃する一方、ルワンダ、ミャンマー、中央アフリカ共和国の大虐殺には介入しない。近年はこのように、グローバル体制の実態はいじめっ子が支配する校庭と変わらず、強い者の主張が通り、弱い者には身を守るすべがないことを見せつけるような重大な意思決定が繰り返されてきた。

現行のグローバル体制では、何千人、ときには何百万人もの人々の生死を左右する決定は、国連の安全保障理事会（安保理）が下すことになっている。安保理の決定は拒否権を持つ常任理事国によってほぼ決まる。アメリカ、イギリス、フランス、ロシア、中国の五カ国だ。つまり現行ルールの下では、世界の大多数の国家の意見はほとんど考慮されないことになっている。

それだけではない。近年のイラク、シリア、ジョージア、ウクライナをめぐる動きからは、(不公平のそしりを受ける)安保理というシステムですら、勝手に軍事力を行使しようとする強国の前には何の意味もないことが明らかになった。偽善的で、ときにはあぜんとするほど法を無視する国際安全保障秩序によって不当な扱いを受けたと感じる人々の怒りは、もはや無視できない。

新たなグローバリズムへ

グローバリズムを普遍性のある概念として定義できないこと、人々が一番大切にしているものを守る意思を伝えられないこと、グローバリズムがもたらすより良い世界の魅力的ビジョンを語れないこと。こうしたさまざまな失敗が、ゆるぎないグローバル・アイデンティティの発達を妨げている。その結果、政治的合意を形成し、気候変動、核軍縮、貧困、疾病といった課題解決に向けて協力することがまったくできていない。いずれも各国独自の取り組みでは解決できない課題ばかりだ。誰もが単一のグローバル・コミュニティの一員であるという強い信念を広く浸透させないかぎり、各国政府が協力に向けたインセンティブを持つことはありえない。

だからこそいま、新たなグローバリズムのマニフェストが必要なのだ。

次章からは、分断化された世界から真のグローバル国家への歩みを進めるために、責任あるグローバリストが追求すべき六つの原則を説明していこう。

第2章

誰も排除しない

——第1の原則

「国家という広大な連帯は、社会のあらゆる構成要素、あらゆる社会勢力を受け入れる」

——ジュゼッペ・マッツィーニ[1]

ナショナリズムと同じように、グローバリズムも「同胞」をきちんと定義する必要がある。

一見、その答えは明白だ。グローバリズムにおける同胞とは、地球上に住む全人類だ。これほど「内集団」と「外集団」の境界がはっきりしているケースはない。

ナショナリズムの場合、そうはいかない。

一九世紀、さまざまな言語や民族が併存していた地域で同胞を定義しようとしたナショナリズムの指導者たちは、やっかいな問題に直面した。一八〇〇年代初頭、その後ウクライナの首都となるキエフで最も多く使われていた言語はポーランド語だ。キエフ生まれで、ポーランド語とウクライナ語を両方話すことができ、祖先に関する記憶がないという人は、ポーランドとウクライナのどちらに帰属するのだろうか？

かつてイラク北部に住んでいたぼくの親族は、トルコ語とアラビア語を流暢に話すことができ、先祖にはアラブ人もトルコ人もいた。親族はアラブ人なのか、それともトルコ人なのか？　イラクがアラブ国家として建国されたことから、親族は自らをアラブ人と見なすことにした。

ぼくは「誰」なのか

今日の世界では、二重国籍を持つ人の増加によって同じような問題が生じている。アメリカ政府はイギリスとの信頼の証として、イギリス国民にビザなし渡航を認めている。ただぼくはロンドン生まれのイギリス国民だが、イラクの市民権も持っているため、信頼の対象から外されてしまった。二〇一五年以来、アメリカに入国する際にはビザを取得することを義務づけられている。アメリカ政府はぼくをイギリス国民と見なしているのか？　答えは部分的イエスであって、完全なイエスではない。

同じようなあいまいさは、個人レベルのアイデンティティにも存在する。ぼくを含む何百万人という移民の子供たちにとってやっかいなのは、周囲の人からしょっちゅうどこの国の出身なのかと聞かれることだけではない。その答えが自分にもわからないことだ。

こうした「どちらともいえない」ケースが無数に存在するという事実は、ナショナル・アイデンティティが恣意的で、不確定なものであることを示している。哲学者のクワメ・アンソニー・アッピアはこれを「アイデンティティにかかわる重大な過ちのひとつ」と指摘する。[2]

全人類を包みこむインクルーシブなものとして国家を定義しなおせば、混乱の大部分は収まるが、問題がすべて解決するわけではない。世界を「西洋」と「それ以外」の二分法で議論し、ヨーロッパと北アメリカのグローバリストと、それ以外の地域に住む大多数のグローバリストの対立を招くようなことは避けなければならない。私たちはロマンティック・ナショナリズムのすばらしい先例にならい、人類はひとつであり、運命をともにしているという普遍的ストーリーを生み出すよう努力すべきだ。

イラクの失敗

過去の国家建設の事例を振り返ると、どこか遠方にいる外国人に対してだけでなく、国家の存立を脅かしかねない「内なる他者」に対して自らをどう定義するかが大きな課題となってきたことがわかる。内なる他者とは、たとえばナチスにとってのユダヤ人であり、今日でいえばミャンマー人ナショナリストにとってのロヒンギャだ。こうした内なる他者は、国内にいるものの、国家の構成員とは認められない。

国家のストーリーのなかで一部の住民を劣った存在として位置づける、あるいはストーリーから完全に排除することが道徳的に誤っているのは言うまでもない。それは国家建設の成功をはばむ、悪循環を生み出すリスクもある。

最たる例がイラクの現代史だ。

支配層であるスンニ派だけでなく、クルド人やシーア派教徒も公式にはイラク国民と認められてきた。しかし代々の政権がアラブ国家としてのアイデンティティを強調してきたために、クルド人のあいだでは分離への欲求が強まっていった。一方シーア派はイラク国内では多数派であったものの、アラブ人全体のなかでは自分たちの立場が弱まっていると感じていた。このためイラクという国家の健全性を脅かすつもりはなかったものの、シーア派のあいだでここ数十年アイデンティティの大幅な見直しが進み、それは二〇世紀のアラブ・ナショナリズムの指導者たちが描いていた統一的ビジョンと矛盾するものだった。

虐げられていると感じたシーア派がそれまでのアラブ・ナショナリズムを拒絶したことで、スンニ派のシーア派に対する不信感は一段と強まり、さらなる排除へとつながった。一九八〇年代にはイラク政府はシーア派の忠誠心に対する疑念が高まったとして、イラン系（シーア派）の国民は完全なイラク人とはみなせないとの理由から、パスポートを区別するようになった。こうして国家の統一は実質的にも法的にも失われた。インクルーシブなナショナル・アイデンティティを提示しないままに一世紀にわたる国家建設を進めてきた成れの果てが、二〇〇三年以降の血なまぐさい崩壊劇だ。

「西洋」中心主義のグローバリストたち

グローバル国家が成功するためには、地球上に生きる人間を誰ひとり排除しないような定義が必要だ。それにもかかわらずグローバリストには「西洋」を世界的な「内集団」であるかのように扱い、それ以外を排除するような物言いが目立つ。

たとえば二〇世紀なかばによく使われた「文明国」という言葉と同じ意味で、「西洋」という言葉を使っている文章は多い[3]。イギリス人ジャーナリストのビル・エモットの近著『「西洋」の終わり：世界の繁栄を取り戻すために』は、こんな一文ではじまっている。

「私たちの記憶にあるかぎりずっと、現代的であることと西洋的であることとは同じだとされてきた。そして、西洋的であれば、科学、社会変動、文化、豊かさ、影響力、あらゆるかたちでの力といったほとんどの事柄で最先端だとされてきた[4]」

西洋を「重要な人々」と同義で使うケースも多い。エリート主義的グローバリズムを体現する媒体ともいえる英『エコノミスト』誌は、世界のどこかで問題が起きたら、行動すべきは「西洋人」だというスタンスを明確にしている[5]。

「西洋」とはどこか？「西洋人」とは誰か？

世のなかの人にとって「西洋」や「西洋人」といった言葉は何を意味するのか。ぼくはできるだけ多くの知り合いに直接、あるいはソーシャルメディアを通じて尋ねてみた。

最も多かったのは、国名を列挙するという答え方だ。中東の友人のなかにはロシアを西洋に含める人もいた。西洋を「白人」と同義ととらえたのだろう。一方ロシアを西洋の対極に位置づける人も、アメリカ人を中心に多かった。西洋とは南北アメリカであり、ヨーロッパさえ含まないと考える人もいた。オーストラリアが含まれるかについては意見が分かれた。最も多かったのは、西洋とはヨーロッパ諸国とヨーロッパ諸国が植民地化した地域、つまりヨーロッパ（西ヨーロッパに限定した人もいる）人の子孫というとらえ方だ。

アフリカ系アメリカ人やラテン系アメリカ人が含まれるかについては議論が分かれた。日本は西洋の一員になったといえるかもしれないが、あくまでも「皮肉な意味で」とつけ加えた人もいた。

非常に示唆に富む回答といえるのが、国家の長所や選択によって「西洋」とそれ以外を区別するという考えだ。西洋の定義として多かったのが「豊かな国」「先進国」「民主国家」だ。金融機関の経営幹部は「西洋とは啓蒙された国々だ」と発言した。アメリカ人の政治学教授は「私にとって西洋とは、国家が個人に従属すべきという思想だ」と語った。ある友人はイエール大学の恩師から「西洋の仲間入りをする代償は、自国の文化に対して批判的にならなければいけないことだ」と言われたという。少数派だが、西洋を特徴づけるのは共通の長所ではなく短所だ、という見方もあった。つまりは「リベラルの価値観を他の地域に押しつけようとする人々」あるいはたんに「世界を牛耳る白人」イコール西洋というわけだ。

このように西洋人を自認する人はもちろん、それ以上にそこからはじき出された人々によく使われる「西洋」という言葉は、さまざまな要素が組み合わさった複雑な概念だ。それはヨーロッパ人を祖先に持つというだけでなく、成功している、道徳的にすぐれている、世界で支配的立場にあるといった意味も含んでいる。大方の「西洋人」は、「西洋」が万人の憧れであり、目標であるのは当然だと考えている。ヨーロッパ人を祖先に持たない国でも、努力すれば西洋という特権クラブへの加入が認められるという説もあるが、「西洋化」はできても「西洋」にはなれないという見方のほうが多い。

「西洋化」は今日、途上国において「英語を話せる」「教育水準が高い」「知的である」「信頼できる」といったポジティブな意味で使われるが、非常に不適切で、政治色の強い表現と言わざるをえない。ぼくは中東、アジア、アフリカで働いてきたが、「西洋人」の多くは現地の人々の英語力と知性や誠実さには相関性があると信じて疑わないようだ。

西洋化に対するこうした認識は裏返せば、現地の人々の本来の姿はその反対ということになる。ポジティブな特性は外国文化の副産物であり、根本的なところでは劣っている、という見方だ。中国語を話せるヨーロッパ人について「アジア化した」という表現が使われるのは聞いたことがない。たんに中国語という言語能力を持っているだけの話だ。中国語を身につけることによって、啓蒙化の道を進んでいるとは誰も言わない。

「西洋」もまたフィクションである

少し調べれば、確固たる「西洋」の歴史、文化、価値観など存在しないことはすぐわかる。「西洋」の境界は簡単に引けるものではなく、それは地理的にも誤解を与える呼称であり[6]、そこに含まれる国々（どう定義するかにかかわらず）の政治制度、文化、価値観などあらゆる面で多様である。

それだけではない。「西洋文明」の土台自体が、元をたどれば野蛮とされる東洋からもたらされたものだ。西洋文化なるものが存在するとすれば、その最大の特徴はキリスト教であるはずだが、それは中東発祥の宗教であり、ローマの国教としたのはバルカン半島出身の皇帝（現在のセルビアで生まれたコンスタンティヌス大帝）である。現在のイギリスからシリアにまたがる大帝国を治めたこの皇帝の宮殿は、現在のトルコの首都（当時のコンスタンティノープル、現在のイスタンブール）にあった。自らを特別視するエクセプショナリズム（例外主義）よりも、文化とは貸し借りや交流によって生まれるあいまいなものだという考えのほうがよほど理にかなっていることを示す、ほんの一例だ。

西洋例外主義はなぜ問題なのか

ただ西洋のエクセプショナリズムの最大の問題は、「西洋」という概念がフィクション（虚構）であることではない。あらゆる集団的アイデンティティはフィクションであり、「国家」の概念も例外ではない。本書でぼくが積極的に提唱している「グローバル国家」という概念もまたフィクションである。

西洋エクセプショナリズムが問題なのは、それがきわめて重大な弊害をもたらすからだ。「西洋」を優秀な特定の人種だけで構成されるグローバルな内集団ととらえることで、かつてのナショナリズムがそうであったように、支配的集団を優遇するグローバルなコミュニティが形成される。前章で見たとおり、世界市民を自認する人の多くは、いわゆる「西洋」に含まれない国々に存在する。ナイジェリア、インド、アラブ、中国のグローバル市民は、世界の結びつきが強まることを望んでおり、「西洋的」と言われる価値観を共有している。しかし「西洋至上主義」の世界観の下では、彼らは「同胞」とはみなされず、グローバル・コミュニティのなかで従属的地位しか与えられない。

急成長をとげ、大国としての自信を手に入れた中国が、自ら主導権を握れる新たなグローバル体制の構築を目指すのは当然といえる。[7] 成長率が低く政情不安定な地域のイスラム・コミュニティの多くが、グローバル体制を見かぎり、過去の栄光を取り戻すという現実逃避に傾倒するのも当然だ。

もちろんこうした世界の潮流は、モノの見方を変えるだけでどうにかできるものではない。しかし「西洋」があらゆる点ですぐれているという発想は、ここに挙げた人々が「人類がひとつになって進歩する」という思想に背を向ける原因になっている。

「進歩」をもたらしたのは西洋なのか

西洋的「内集団」という発想と決別しないかぎり、グローバリズムの成功は望めない。ヨーロッパ系の人々は、世界に進歩をもたらしたのは自分たちの祖先であり、それはまぎれもなく「西洋的」なものだったという思い込みを捨てなければならない。紙の使用、あるいは火薬の使用を「中国的な行動」とは言わない。書く、法典をつくる、あるいは都市を形成する行為の発祥の地はいずれもイラク南部だが、それを「イラク的」とは言わない。世界で使われているアルファベットはすべてフェニキア語に由来するが、アルファベットの使用を「レバノン風」とは言わない。

さらに時代をさかのぼれば、農業がはじまったのは中東の肥沃な三日月地帯、アフリカのニジェール川デルタ、中国の黄河と長江の流域、そしてメソアメリカなど複数の地域だ。この新たな生活様式は地球上のほとんどのコミュニティに広がった。この初期の農耕民が本質的あるいは恒久的な意味でとくにすぐれていたわけではなく、他の人々から見て取り入れる価値のある進歩をとげたのだ。

電球やパソコンなど、ヨーロッパや北アメリカで生まれた発明の多くも、この範疇に入る。一方、自由民主主義などは普遍的価値があるのか、まだ議論が続いている。ただ、こうした思想は「西洋」発祥のものだと主張することが、議論の妨げとなっている。中国の研究所が多くの成果を上げ、世界のワクチンの九〇%がインドでつくられているといった事実があるにもかかわらず、「西洋医学」などという言葉が依然として使われるのには驚くばかりだ。

本書の中心テーマである「国家」という概念は、ヨーロッパや北アメリカで生まれ、その後普遍的な有用性が明らかになったものだ。当初多くの国で採用が進んだのは、西ヨーロッパが世界で支配的立場にあったことと関係している。ただ最終的に世界のあらゆる国がそれを採用したのは、帝国を倒し、政治的正当性を確保し、市民の団結をうながす手段として非常に有効だったからであり、「西洋」の産物であったからではない。世界にあまねく普及した現在のナショナリズムは、「西洋的」あるいは「ヨーロッパ的」政治形態とみなすべきではなく、グローバルな政治形態ととらえるべきだ。

チャイナドレスを着たアメリカ人高校生が炎上した理由

「西洋的」は「グローバル」の同義語のように扱われることが多いのに対し、他の文化は地域的なものでしかありえないと思われている。近年はヨーロッパや北アメリカ以外の文化は、それを生み出した集団だけのものだ、と考える風潮が強まっている。

たとえばインド、中国、西アフリカで生まれた文化形式を、白人は使ってはならない、それは盗用であるといった主張だ。アメリカでは女子高校生がプロムと呼ばれる学校のパーティにチャイナドレスで参加したことが物議を醸《かも》した。女子高生がチャイナドレスを着た姿をソーシャルメディアに投稿したところ、それを中国文化の許されざる「盗用」だと感じた他のアメリカ人から批判が殺到したのだ。そこには中国系アメリカ人も含まれていた[8]。

だが中国からの反応は、興味ぶかいものだった。騒動がアメリカ国外へと広がると、中国本土の何千人という人々が「プロムにチャイナドレスを着ていってもいいじゃないか」と言い出したのだ。自分たちにとっては腹を立てるどころか、むしろ光栄なことだ、と[9]。

たしかにそのとおりだ。中国の人々は過去何十年と、ヨーロッパや北アメリカから「借り受けた」ファッションを身につけてきたが、それによってヨーロッパの文化を「盗用」したとはみじんも感じていなかった。逆に自分たちのファッションを身につけてもらうことが、なぜいけないのか。

文化的産物の普及が、人間社会の権力や富のバランスに大きく影響されるのはまちがいない。アフリカ系アメリカ人が独自に育んできた音楽が、エルビス・プレスリーのような白人のミュージシャンが演奏することで人気を博し、ビジネスになったという事実は、アメリカにおける白人と有色人種のきわめて不公平な関係を反映している。

この本質的な不当性に光を当てようとするのは正しい。過去に幾度となく、中国をはじめとするアジアやアフリカのファッションが、植民地の統治者や兵士による宮殿や都市の略奪というかたちの明らかな盗用（窃盗）の結果としてヨーロッパに渡ってきたのも事実である。

だからと言って、すべての文化を「元の場所に戻す」のは解決にならない。健全かつ楽しい文化交流を、互いへの敬意を持ち、できるだけ対等な立場で続けていくべきだ。グローバル文化はすでに醸成されつつある。アーティストやコミュニティからそのプロセスに貢献する機会を奪うことこそ、最も忌むべき文化的窃盗といえるだろう。

あらゆる文化は「境界」から生まれる

さらに文化的創造がどう起こるかを突き詰めていくと、文化的産物についてそもそも論をすることの過ちがわかってくる。というのも文化は中心ではなく、文化の境界で生まれる傾向があるからだ。あらゆる文化は外部からのインプットの借用、融合、再編、そして適応という基本的ステップを経て、最終的に独特の姿を生み出していく。アメリカの白人がチャイナドレスを着てはいけないと言うなら、絹製品は全部ダメということになる。そもそも絹の製造方法がヨーロッパに伝わったのは、六世紀にビザンチン帝国のユスティニアヌス皇帝に仕えていた巡回布教師が密かに持ち帰ったためだ。ゴッホの作品はあらゆる美術館から撤去すべきだろうか？　ゴッホは当時ヨーロッパで非常に人気のあった日本の浮世絵から、三次元の空間を二次元に描く方法や構図を借用したのだから。

このように文化を本質的要素に分解していくのは、糸を引っ張って織りあがったタペストリーをほどいていくのに等しく、未来のクリエイターから借用や交換という有益な機会を奪うことになる。

こうした立場を見事に展開したのが、哲学者のクワメ・アンソニー・アッピアの著書『コスモポリタニズム（*Cosmopolitanism*）』（未邦訳）だ。

文化的産物は人類共通の財産だ、とアッピアは主張する。そのわかりやすい例として、父方の故郷であるガーナのアシャンティ地方の文化を挙げている。一八七四年にイギリス政府がアシャンティ王の財宝を根こそぎ持ち去ったことを嘆きつつ、解決策として財宝をそのままアシャンティ地方の首都であるクマシに戻すより、主要品目のいくつかを「世界中から集めた美術品と組み合わせて、それなりに見応えのあるコレクションとして引き渡すほうが良い」と訴えている。それはガーナの人々に幅広い文化的経験の機会を与えることになるからだ。

イギリスが奪ったアシャンティ王の収集品はガーナ固有のものではなく、それ自体がヨーロッパ、アラビア、ペルシア、そしてアフリカ大陸全域から集めた品々を含む「見事にコスモポリタンなコレクションだった」とアッピアは指摘する。その多くは戦争でアシャンティ王国が奪ってきたものでもあった。そもそもこのすばらしいコレクション自体がはじまったきっかけが、一九世紀初頭にオセイ・ボンス王が大英博物館の噂《うわさ》を聞きおよび、触発されたことだったとされる。

こう考えると、不公正な歴史的背景は無視できないものの、盗まれた美術品もそれが収まった大英博物館も、文化の借用と創造という共通のグローバルシステムの産物といえるだろう。

「巨大国家」インドと中国は世界の文化を変えるか

相互の結びつきが強まっている現代の世界では、グローバルな創造物は人類共通の進歩であり、（もちろん短期的には個々の発明者に知的所有権を認めるべきだが）共通の財産だという発想を、グローバリストは進んで受け入れなければならない。「西洋至上主義」は人種差別的な帝国主義時代の名残にほかならない。それに固執すると、国民の一部を優遇し、無残な失敗に終わった幾多のナショナリズムの轍《てつ》を踏むことになる。

中国とインドの経済力、政治力が高まるにつれて、両国の国民が同じような「われわれ対その他」という世界観をつくろうとする可能性もある。ヒンドゥー教徒、そして中国の漢民族の数は、いずれも「西洋人」の総数に匹敵する。それぞれの文化に「その他」を同化させることで世界を統一しようという試みは、現在の「西洋至上主義者」のやり方と同じようにうまくいかないだろう。

中国やインドが力をつけることが、グローバル文化にどんな影響を及ぼすかは不透明だ。世界は伝統的な中国社会のようになる、という見方もある。[10]だがこうした見方は、文化はなぜ、またどう変化するかをまるで理解していない、とぼくは思う。

ヨーロッパがグローバル文化に多大な影響を及ぼしはじめた時期を振り返ってみると、世界に広がったのは伝統的ヨーロッパ文化ではなかったことがわかる。ヨーロッパが広めたのは、新たな技術、新たな社会体制、人類や宇宙に対する新たな考え方など、本国においても目新しいイノベーションだった。近代ヨーロッパは、他の大陸から見て異質だっただけでなく、中世ヨーロッパの人々から見ても異質だったはずだ。

中国やインドがグローバル文化を劇的に変えることがあるとすれば、それぞれの社会に比較的新しい重要な変化が起き、他の国々がそこに見習うべき価値があると考えたときだ。[11]私たちに必要なのは、新たなイノベーションの波がどこで起ころうと、それが他の国々に平和的に、また自発的に取り入れられるようにすることだ。かつてヨーロッパ文化が世界に普及したときのように、帝国主義的圧力によって無理やり押しつけるようなことがあってはならない。そのためには人類をひとつにするような世界観に基づき、いまよりずっと強固なグローバル・コミュニティを構築する必要がある。

誰も取り残さない「グローバルな『私たち』」とは

では誰も排除しない、グローバルな「私たち」の定義とは、どんなものだろうか。あたりさわりのない普遍主義、または無味乾燥なポリティカル・コレクトネス（政治的公正）を目指すしか道はないのだろうか。社会学者のアンソニー・スミスの言うように、グローバル文化とは「歴史的深みも思い出もなく、神秘的要素もあいまいさもなく、伝統はなく価値観は中立的」なものにならざるをえないのだろうか？[12]

この点についても、ナショナリズムの歴史は重要な手がかりを与えてくれる。

イングランドやフランスなど、すでに長期にわたって国家が存在していた地域でナショナリズムの機運が高まったとき、国家の構成員を「既存の国境の内側に住んでいる人」と定義するのは当然のことと思われた。こうして民族とは切り離された「国民」という概念が生まれた。フランスに住んでいたブルターニュ人、移民としてイングランドにやってきたユグノー（カルヴァン派新教徒）などのマイノリティも国民とみなされ、その後は強固な国家の下で国民の多数派に同化していった。アメリカも同じだ。住民のほとんどがアメリカにやってきて間もなかったため、政府の権限のおよぶ範囲が国家とみなされ、その政府に忠誠を誓う者はみな国民とみなされた。

ナショナル・アイデンティティに関するこうした考え方は、すでに存在している市民権をもとに国家の構成員を決めることから「市民ナショナリズム」と呼ばれる。市民ならば、国家の一員となる。

グローバリストがグローバル国家への帰属という問題を考えるうえで、このアプローチは非常に魅力的だ。国家という営みに参画したいという意思さえあれば、多様なバックグラウンドを持つ雑多な人々を受け入れるからだ。

しかしグローバル国家については、こうした考え方はうまくいかないだろう。当然ながら、そもそも帰属すべきグローバル国家が存在しないのだから。国連総会や安全保障理事会のようなグローバルな政治秩序は存在する。さまざまな国際法や、それを支える国際法廷も存在する。だがこうした組織や制度を支持することをグローバル国家の構成員となる条件にすると、あまりに多くの人が除外されることになる。

グローバリストは、現在のグローバル体制を維持するという発想を脱却しなければならない。既存の世界秩序はあまりに弱く、不公正で、統治も機能していない。この上に普遍的なアイデンティティを構築するのはとても無理だ。反目しあう軍事同盟を緩やかな協調メカニズムで何とかまとめている現状は、中世ヨーロッパの「暗黒時代」の原始的国家を彷彿とさせる。秩序と呼べるものが何も存在しなかった時代と比べれば、それでも大きな進歩だが、幅広い支持を勝ち取るには力不足だ。そんな「市民グローバリズム」は早晩断絶を招き、不当な世界秩序に反発する人々という「内なる敵」を抱え込むだろう。

また、こうした国際秩序に帰属することには、胸の躍る要素がひとつもない。国際機関や国際法は現代社会にとって非常に重要な存在ではあるが、一般人の心の琴線に触れるところはない。

イギリスの市民ナショナリズムは、王室への忠誠心を土台としていた。たった一人の人物が一〇〇〇年の歴史を体現するこの制度の下で、何世代もの若者たちが領土の安全と（それ以上に）拡大のために戦い、命を落としてきた。立憲君主制の是非については意見が分かれるが、制度としての王室が多くのイギリス人の琴線に触れることはまちがいない。

一方、国連の事務総長という地位はまるで違う。歴史は浅く、それにまつわる栄光もなく、世界に名だたる国家や王冠もなく、バッキンガム宮殿に相当するのはマンハッタンの地味なオフィスビルだ。市民グローバリズムが世界の人々の心を奮い立たせることは、当分ないだろう。

血にまみれた「ロマンティック・ナショナリズム」に学ぶ

ナショナル・アイデンティティについてはもうひとつ、市民ナショナリズムとは別の考え方がある。国家が国民を保護するという発想からは一線を画したものだ。まず政府があり、それを支持する人々が集まるのではなく、まず何らかの条件の下に人々が集まり、そこに政府が従属するという発想だ。

これを最初に提唱したのは、元祖コスモポリタンのイマヌエル・カントに触発されたドイツ人哲学者、ヨハン・ゴットフリート・ヘルダーである。

ヘルダーは豪胆で拡大主義的な気風のプロイセン王国で生まれ育った。当時中欧にはドイツ語を共通語とする国が四〇〇あまりあり、プロイセンはそのひとつにすぎなかった。この地域ではほかにも多くの言語が使われていた。自分は「ドイツ人」であり、またすべてのドイツ人はドイツ国民である、とヘルダーは考えた。ヘルダーにとって「国民(Volk)」とは言語によって定義されるものだった。ライン川から黒海までの地域に住み、ドイツ語を話す人々は、まわりをドイツ系住民に囲まれていようが辺鄙《へんぴ》な寒村に住んでいようが、みな同じドイツ国民である。そして彼らを束ね、統治するのがドイツ国家である、と。

国民を単一の歴史、人格、気質、運命を持つ永久不滅の存在ととらえるこの考え方は、「ロマンティック・ナショナリズム」と呼ばれる。国民に共通の性質や気質が備わっているのは、同じ歴史と気候を生きてきたからだ、とヘルダーは考えた。言語はこの永久不滅の絆の象徴であり、手段だ。言語の分かれ目こそが自然な国境である。本人の望むと望まざるにかかわらず、ドイツ語を話す者はドイツ人である。それは文化の問題、意思ではなく運命で決まるものだ。

このロマン主義的な国家観は非常に強力で、国境を引き直し、永遠なる国民にふさわしい政府を与えようとする世界中のナショナリズム運動に火をつけた。

その流れはいまも続いている。イタリア語を話す人のほとんど（すべてではないが）がイタリア王国に、ドイツ語話者のほとんどがドイツ帝国によって統一された事実は、ロマンティック・ナショナリズムの力を見事に示し、同じ志を持つ人々が目指すべき先例となった。

とりわけヘルダーと彼に触発されたヨーロッパ諸国の統一運動に感化されたのが、二〇世紀のアラブ・ナショナリストだ。一九世紀のドイツ、イタリアのナショナリストがそうであったように、アラブ・ナショナリストもイギリスやフランスと比較して自分たちの政治的、経済的弱さを痛感していた。イギリスやフランスでは「国民」と「政府」が一見自然に調和していたのとは対照的に、中東や北アフリカでは国民的アイデンティティと政府が合致していなかった。二〇世紀前半を通じて、アラブ人が団結し、国家を運営するという概念は、民衆のあいだで大きな支持を集めたが、最終的にその政治目標は実現されなかった。

グローバリストが本能的にロマンティック・ナショナリズムを警戒するのは、それがさまざまな残虐行為と結びついているためだ。トルコ、ドイツ、イスラエル、インド、パキスタン、ミャンマーなど、ロマンティック・ナショナリズムはさまざまな地域で、自分たちの「永遠なる国民」の定義から外れた周辺民族に対して「浄化」を試みてきた。ただ暴力や迫害を拒絶するのは当たり前として、グローバリズムはロマンティック・ナショナリズムに学び、その手法を自らの思想の実現に活用すべきだ。グローバル国家をロマンティック・ナショナリズムの枠組みにそって定義することは可能であり、むしろグローバル・コミュニティを機能させるのに不可欠なステップといえる。

国民の「一部」が他の人々と比べて文化的に、さらには遺伝的にすぐれているという主張は、民族浄化につながる。一方「全員」が同じ種族の一員として深く結びついており、ともに地球全体を統治すべきだという立場なら、軋轢《あつれき》はずっと抑えられる。それは誰も排除しない。どんな違いがあろうと、私たちは同胞だ。いまは分断されているかもしれないが、団結すべきだ。そんなメッセージを、あらゆる人に発信する。

「神話」こそが私たちを結びつける

このようにグローバリストは、国際機関を中心とする不完全な体制への支持を勝ち取ろうとするより、同じ人間として団結することを目指すべきだ。私たちは同じ祖先を持ち、資源の枯渇しつつある世界で同じ未来を共有している。それがグローバル国家の「神話」であると同時に、疑いようのない現実なのだ。

ロマンティック・ナショナリズムはきわめて強力な思想で、さまざまな地域でたくさんの人が、ほんの数年前にはまったく一体感など抱いていなかった集団のために命を投げ出す要因となってきた。それがときとして驚くべき速さで広がるのは、先に挙げたドイツ、イタリア、そしてアラブ人の事例からも明らかだ。イングランドとフランスの市民ナショナリズムは、中世の終わりから数百年かけて醸成されたというのが通説だ。一方ロマンティック・ナショナリズムはほんの数十年のあいだに数百万人の想像力に火をつけた。

歴史学者のユヴァル・ノア・ハラリは、社会の発展は「神話」を生み出せるかどうかにかかっている、というすばらしい洞察をしている。人間は神話によって旧石器時代の集団から、はるかに大きい、それにゆえに名前も知らない者同士のコミュニティへと進化できたのだ、と。[13]

旧石器時代の集団は非常に規模が小さく、多くて一五〇人、それよりずっと少ないものも多かった。近親婚などでメンバー同士の結びつきはきわめて強く、それゆえに家族のような強い絆で結ばれていた。当然、すべてのメンバーは他のメンバーと直接、共通言語でコミュニケーションをした。

ロマンティック・ナショナリズムの神話は、国家とは旧石器時代の集団を大きくしたものにすぎないと思わせる。ひとつの国民は旧石器時代のひとつの集団と同じである。同じ言語を話すのは、会話をするのと同じだ。ひとつの種族はひとつの家族と変わらない——。こんな理屈で説明されると、共通のアイデンティティが生まれるだけでなく、それが自明で疑う余地のないものに思えてくる。人間の思考には、そんな性質がある。

『サピエンス全史』ブームは何を意味するか

それではロマンティック・グローバリズムとはどんなもので、どうやって広めていくべきなのか。幸い、その動きはすでにはじまっている。

昨今メディアはドナルド・トランプの「アメリカ・ファースト」、ハンガリーのオルバン・ヴィクトルの「非自由・民主主義」、インドのナレンドラ・モディの「ヒンドゥー至上主義」など、分断を煽《あお》るポピュリストの動向を伝えるのに忙しい。だからといって人々のあいだで全人類的視野に立とうとする意欲が驚くほど高まっている事実を無視してはならない。

まずは歴史学という学問領域の動きを見てみよう。ナショナリスト運動はきまって、自分たちの想像上の国家が常に世界の中心であったかのように歴史を書き換えようとする。そうした目で見ると、近年の最も目覚ましい変化は「世界史」の勃興だ。前世紀のなかばにはほとんど存在しなかったのが、一九八〇年代以降は規模は小さいものの急成長分野となり、近年はアカデミアの世界にとどまらず各国のベストセラーリストに世界史本が入るようになった。

世界中の読者が人類全体をテーマにした本を渇望するようになった。近年最大の成功例がユヴァル・ノア・ハラリの『サピエンス全史：文明の構造と人類の幸福』と、その続編『ホモ・デウス：テクノロジーとサピエンスの未来』だ。どちらもまぎれもなく人類の「国史」である。

もちろんハラリは歴史だけを書いたのではない。すぐれたナショナリストの常として、国家が共有する過去（『サピエンス全史』の中心テーマ）と、共有する運命（『ホモ・デウス』で言及）も考察している。そして読者はまさにグローバルだ。『サピエンス全史』が世に出たのは二〇一四年。母語とする者が五〇〇万人しかいないヘブライ語での出版だった。だが二〇一七年までに英語版は世界で一〇〇万部以上売れた。この年、二冊はそろって中国の年間ベストセラーのトップ一〇入りした。これはグローバルな世界観への関心が高まっているのはヨーロッパや北アメリカだけではないことを示している。

識字率の急速な上昇が初期のナショナリズム運動の追い風となったように、こうした書籍が世界的に関心を集めている一因は教育のさらなる普及だ。ただ誰もが世界史分野の最新のベストセラーを購入するというのは現実的ではないし、その必要もない。新たな世界観が文化のさまざまな側面に浸透していくことで、ロマンティック・グローバリズムは広がっていく。

それがまさにいま、ハイカルチャー（上位文化）とマスメディアの両面で起きている。ハイカルチャーは常にナショナリズムを広める主要な手段となってきた。そしていま、グローバリズムのために同じ役割を果たしている。[14] BBCの近年の人気番組のなかには、テレビドキュメンタリーの『文明』とニール・マクレガーのポッドキャスト『100のモノが語る世界の歴史』が含まれている。いずれも人類の文化を単一の物語として見るという視点に立っている。

美術は文化的、民族的アイデンティティを生み出すための最も重要な手段のひとつであり、それがいま、創造においても受容においても、ますますグローバルな営みになっている。かつてのヨーロッパ絵画は、中国や西アフリカの絵画とはことなる「言葉」だった。[15] だがある文化の専門家が他の文化の作品を見ても「読み方がわからない」こともあった。

現代美術の世界ではヨーロッパ、中東、中国の芸術は、それぞれテーマは違っても互いに理解可能な言葉によるコミュニケーションになった。さまざまな意味で、芸術家やその作品が活発に移動し、ハイブリッドな性質を帯びていくなかで、現代美術を国や地域によって分けることは無意味、あるいは不可能になった。

ハイカルチャーが集約する動きは、子供たちへの教育や世界観にも影響を与えている。スコットランド、ウガンダ、コロンビア、モンゴル、カンボジアなど幅広い国で「世界市民」は教育カリキュラムの中心テーマに位置づけられている[16]。ただ明確な方針となっているか否かにかかわらず、ハイカルチャーがグローバルな営みとして認識されるようになったことは、世界中の学校教育に影響を与えている。

共通の世界観が着実に醸成されているという事実は、ときおり流れる教育関係者がグローバリズムに逆行する方針を打ち出したというニュースほど話題になりにくい。たとえば二〇一〇年にはテキサス州の教育委員会が、国連のような国際機関がアメリカの主権を脅かしている事実を公立学校で教えることを義務づけたといったニュースが注目を集めた[17]。しかし各国の学校教育カリキュラムがグローバルなものになりつつあるというほうが、はるかに重要なトレンドといえるだろう。

マスメディアという戦場

ただアイデンティティをめぐる戦いの行方《ゆくえ》を左右するのは、マスメディアというはるかに大きな戦場だ。

ハイカルチャーよりもはるかに騒々しく出入りも自由なこの領域では、グローバル国家の賛成派と反対派のどちらもたくさんいる。ソーシャルメディアでは意図的に分断を図ろうとする集団のものを含めて、偏見に基づくコンテンツが拡散されている。なかにはアメリカ大統領が共有したコンテンツを含めて、驚くほど影響力を持つものもある。[18] その一方、普遍性と人間味のあるストーリーも共有されている。

たとえばパレスチナ系イスラエル人のビデオブロガー、ナスール・ヤサンのフェイスブックページ『ナス・デイリー』には九〇〇万人のフォロワーがいる。ヤサンは毎日、さまざまな国やコミュニティ独自の文化を紹介する一分間の動画を英語で投稿する。そこに一貫するテーマは、たとえ政治的には敵対していても、すべての人に共通する人間性だ。自らDNAテストを受けたところ、ヨーロッパ系ユダヤ人の祖先がいるという結果が出たことに、ヤサンは安堵《あんど》と誇りさえ抱いているという。ヤサンをはじめ何千人というポジティブなソーシャルメディア活動家は、メディアに注目されるようなショッキングな発言はしないものの、世界中の視聴者に支持されている。

一方音楽業界では、人気グループ「スパイスガールズ」の生みの親として知られるタレントエージェント、サイモン・フラーが新たに「ナウ・ユナイテッド」というグループを売り出した。メンバー一四人の出身国はすべてことなり、それぞれ世界のことなる地域を代表している。[19]ポップミュージックの消費は少なくとも数十年前からグローバル化していたが、プロダクト自体がここまではっきりとグローバルな特徴を打ち出したのははじめてだ。

映画の力

最も影響力の大きいメディアは、おそらく映画とテレビだが、きわめて残念な状況にある。『アメリカン・スナイパー』（クリント・イーストウッド監督、二〇一四年）のような映画は特定の集団の戦闘力や豪胆さを称える一方、「その他の人々」はたんなる殺され役として、非常に非人間的な描き方をされている。アメリカの人気スパイドラマ『HOMELAND／ホームランド』（二〇一一年〜二〇二〇年）は、正義と悪の二元論という、原始的なステレオタイプを提示している。グローバルな映画とテレビ産業がアメリカの独壇場だという事実は、世界中の視聴者がこうしたグローバルな一体感を損なうような世界観を見せられていることを意味する。正しい道徳観と行動力を持ち合わせているのはアメリカを中心とする「西洋」だけですよ、と。

歴史学や志の高いドキュメンタリー、ポッドキャストでは強い支持を集める「人類はひとつだ」という視点は、世界的な大ヒット映画にはほとんど見られない。[20]なぜそうなのか？　解決策はあるのか？

ぼくと同じように、人生とキャリアを通じてアイデンティティの問題や普遍的ストーリーについて考え続けてきた、パキスタン系イギリス人の俳優でラッパーのリズ・アーメッドに尋ねてみた。

長年の友人として、リズはズバリと指摘してくれた。ぼくが「人類はひとつだ」と伝える物語を見つけられないのは、探し方がまちがっているからだ、と。人類はひとつのコミュニティだったという大昔の話を描くのは不可能ではないが、あまりに漠然としすぎていて観客にそっぽを向かれるリスクがある。

人類はひとつという意識を育む最善の方法は、幅広い観客が自らを投影できるような、どこまでも個人的で具体的なストーリーを伝えることだ、とリズは考えている。ひとつひとつの作品は固有の文化を伝えていても、全体として多様性があれば、さまざまな作品を観ることで多様な場所や時代に触れることができ、それを通じて表面的には自分とはまったく違う人にも共感できるようになるかもしれない。

現代の演劇理論は、置かれた状況はそれぞれ違うが、人間の経験は本質的にはみな同じだ、という前提に基づいている。俳優の卵たちは、登場人物の置かれた状況を正しく理解できれば、理論的にはどんな役でも演じられるようになる、と教えられる。[21] 物語をきちんと伝えられれば、観客も同じように登場人物の立場に立ち、その思いを共有することができる、と。

こうした見方に立つと、映画やテレビの世界に多様性と折衷主義が備われば、多くの人が自らを特定の集団ではなく、人類の一員と考えるようになるはずだ。観客が感情移入をする重要な役柄に、同じ民族や文化出身の俳優ばかりをキャスティングするのをやめ、『アメリカン・スナイパー』のような非人間的な愛国主義を脱却するだけでも、大きな前進となるだろう。

グローバル国家という物語

グローバル国家には国歌も国旗もないが、私たちが何者で、どう生まれてきたのかについては、胸の躍るようなストーリーがすでに存在する。

五万年前に人類最後の共通の祖先がいた、というところで話は終わりではない。歴史を通じて、人類はひとつだと訴える人々は常にいた。彼らこそが英雄であり、その生きざまはグローバル国家の物語だ。

たとえばローマ皇帝ジュリアス・シーザーではなく、はじめて「世界市民」を名乗ったシノペのディオゲネス。ドイツ皇帝ヴィルヘルム二世ではなく、単一の世界政府を提唱した偉大なコスモポリタンのイマヌエル・カントだ。それ以外にも人類の知の蓄積に貢献した発明家や思想家、私たちは何者であるかを広い視点から定義しようとした世界中の人々も、このリストに加えていいだろう。

国連事務総長が世界中の人々の胸に響くようなグローバル国家のモデルを提唱するのは、まだ先のことかもしれない。しかし人類はひとつだというインクルーシブでロマンティックな物語を、私たちはすでに紡《つむ》ぎはじめている。

第３章 ミッションを定め、敵を見きわめる

――第２の原則

「国家とは血の通ったミッションである」

――ジュゼッペ・マッツィーニ

一八六五年一〇月三〇日付のコンウェイ氏に宛てた手紙より。

「われわれは人類を貧困の恐怖および欠乏の専制から解き放ち、地球を癒やし安全にすることを決意している」

――二〇一五年に国連に加盟する全一九三カ国の政府が署名した、[1]国連の持続可能な開発目標（ＳＤＧｓ）の宣言より。

ロマンティック・ナショナリズムが見ず知らずの者同士を団結させられたのは、明確なミッションがあったからだ。つまり目的は何か、そして敵は何か（誰か）がはっきりしていたのだ。

集団のメンバーを定義し、一丸となって行動させたとき、ナショナリズムは最大の力を発揮する。正しく方向づけされたナショナリズムは、人類史に残る偉業を達成する政治的意思を生み出してきた。一方、悪用されたときには、人類史に残る惨事を引き起こしてきた。

愛国精神によって大勢の人を団結させ、目標を示すことは、政治の世界における核分裂だ。うまくいけばクリーンエネルギーが生まれるし、失敗すれば都市が吹き飛ぶような爆発が起こる。

これまでのナショナリズムが核分裂だとすれば、グローバリズムははるかに強力な核融合だ。核融合発電の推進派と同じように、現状は持続不可能で、人類が直面する最も重大な課題を克服するためには新たな力が必要だと信じるなら、挑戦する価値はある。しかしナショナリズムのやっかいな歴史を振り返れば、リスクに敏感にならざるをえない。とりわけ、争いを招くリスクには敏感になるべきだ。だからこそミッションをどう定めるか、そして敵をどう見きわめるかが重要なのだ。

グローバル国家のミッションとは

グローバル国家のミッションを定義するのは比較的容易だろう。地球上のすべての国の政府はすでに、戦争や飢餓に終止符を打つこと、ジェンダー平等、環境保護など、一七項目の持続可能な開発目標（ＳＤＧｓ）に合意している。[2] それぞれの項目に、二〇三〇年までに達成すべき具体的目標が設定されている。

この事実からも、世界はまったく異質の文化で成り立っており、それぞれがまったく違う価値観や目標を持っているという説が誤りであることがわかる。

もちろん人間社会に文化的差異や戦略的関心の違いは存在する。しかし国連は一〇年にわたって世界中の政府やことなる社会階層から意見を吸い上げ、誰もが合意できる目標を模索した。その結果、驚くべきコンセンサスが形成された。ＳＤＧｓは世界規模の国民投票によって採択されたわけではない。当然、いずれかの項目に反対する人々もいるだろう。だが国連に加盟する一九三カ国の政府すべてが同じ目標という一致点を見いだしたのは、過去に例のない快挙だ。

このように、世界のためのミッション・ステートメントはすでに存在する。問題は、それがまだグローバリストを含めた多くの人の頭と心に根を下ろしていないことだ。

SDGsを、自らのアイデンティティの源泉、あるいは仲間と団結してともに行動を起こすための厳粛な契約だと思っている人はほとんどいない。人類共通のミッションというより、あくまでも各国政府による政治的声明文にとどまっている。SDGsが採択された翌年、二〇一六年に実施された意識調査では、少ないところではロシアの一六％やドイツの一九％、多いところではインドネシアの三九％、インドの四四％など幅はあるが、総じて世界人口の四分の一以上がこの目標を知っていることが明らかになった[3]。結ばれたばかりの国際合意にしては、驚くほど高い認知度である。しかし知識と情熱は別物だ。

SDGsはグローバル国家のミッションに十分なりうる。ただ一般的にグローバリストが掲げる目標には、大失敗につながりかねないものもある。

たとえば人の移動に一切制約のない、ボーダレスな世界を創るというミッションを支持するグローバリストは多い。しかし国家的ミッションが人民の団結につながるのは、それが人民の合意を反映している場合だけだ。自由な人の移動については、合意などまったく存在しない。

何より重要なこととして、何らかの集団を「敵」とみなし、国家の団結を図るのは避けなければならない。過去を振り返ると、敵の存在をミッションの土台としていた国家が非常に多かった。このワナに陥らないためには、人間の悪しき本能をうまくコントロールするような発想の転換が必要だ。

日本人とイギリス人が誇るもの

歴史的に、ナショナリストの掲げる国家的ミッションには二とおりあった。ひとつは国家のアイデンティティの中核となる前向きな目標、すなわち国家の「目指すもの」を実現する行動をうながすもの。もうひとつは国家の存続への脅威、すなわち国家の「敵」を排除する行動をうながすためのミッションだ。

まず前者、国家の目指すものに基づくミッションの例を見ていこう。すぐれたアイデアが無味乾燥な政府の施策から、国家的アイデンティティへと昇華したケースは多くの国に見られる。

たとえばイギリスの医療だ。一九四八年、イギリスは世界ではじめてユニバーサル・ヘルス・カバレッジ（UHC、誰もが適切な医療サービスを受けられる制度）を導入した。福祉国家を目指す社会保護政策の一環として、国民健康保険（NHS）を創設したのだ。その後NHSによって国民の健康が改善し、他の国々にモデルとして取り入れられた事実は、イギリス国史の重要なエピソードとなり、イギリス人のアイデンティティの中核を成すようになった。イギリス人の大半がNHSを国の誇りと考えているほどだ[4]。オリンピックの開会式の目玉として、保健省を登場させるのはイギリスぐらいだろう。

どの国にも同じような概念がある。アメリカでは言論の自由と武器保有権がそれにあたる。日本では清潔さへの高い意識が、国家的アイデンティティの重要な要素となっている。[5]こうした国家的ミッションは、国家の存続に直接かかわるものではない。そこで語られているのは国の「目指す姿」だ。国家というコミュニティの価値観にそい、より良い社会を創ろうとする願望を反映している。国家的ミッションは変わらないようで、実際には変化する。第二次世界大戦以前のイギリスでは、代表的な国家のミッションは医療サービスではなく、大英帝国の維持だった。

そう考えるとＳＤＧｓも、多くの人が自らの存続にかかわるからではなく、人間としての価値観を反映するものとして支持するような、本当の意味での普遍的目標に発展する望みはある。ＳＤＧｓは、グローバル国家が極度の貧困をなくし、予防可能な疾病を防ぎ、すべての人の人権を守ることを通じて、世界のさまざまな苦しみに終止符を打つ道を示している。[6]

こうした苦しみが続くことは、人類そのものの存続を脅かす明確かつ差し迫った危険とはいえない。ＮＨＳがイギリスの存続のために創設されたわけではないのと同じことだ。人類の歴史には疾病や不平等がつきもので、それが続いたとしても不思議ではない。それでも世界中で最も弱い立場にある人々を支えようとするこのミッションに魅力があるのは、私たちが住みたいと思う世界、私たちが互いに対して背負っている責任を表しているからだ。

グローバル・ミッションとしての奴隷解放運動

グローバル・アイデンティティの高まりが、崇高なグローバル・ミッションを生みだしたすばらしい先例がすでにある。一八世紀後半から一九世紀にかけての奴隷解放運動だ。これがナショナリズムの勃興期と重なったのは偶然ではない。どちらの運動も、人の移動の増加、教育や通信の普及によって、以前よりもはるかに広範な人類との連帯感を抱く人が増えたという同じ土壌の上に芽生えたのだ。

そこでは奴隷の身分から解放され、文字を学び、本を出版し、各地を旅するようになった人々の声が大きな役割を果たした。その一人であるフレデリック・ダグラスは、写真という新たなメディアがステレオタイプを打破し、「同じ人間である」という思想を伝達するのにきわめて有効であることに気づいた。ダグラスは一九世紀のアメリカ人のなかで最も多くの写真に写った人物と言われる[7]。

奴隷解放運動家にとって「同じ人間」という意識は、あらゆる人を結び、互いに対する最低限の責任を負わせる重要な紐帯《ちゅうたい》だった。それは国家を結びつける社会契約と同種の、もう少し緩やかなものといえる。この人類共通の社会契約は、単一の政府や資源の共有を目指す動きにはつながらなかったが、奴隷制や強制労働を否定した。さらに重要なのは、それを自国内だけでなく、世界中で容認できない行為と見なしたことだ。こうして普遍的人権を求める人道主義が誕生した。

現代のグローバル・アイデンティティとは

ひるがえって現在の私たちはどうだろう。インクルーシブな社会契約を拠りどころとする、グローバル・アイデンティティは生まれつつあるのか？

豊かな国々のこの分野における進展を測る有効な尺度のひとつが、対外援助への国民の支持だ。貧しい国々の医療や教育の充実、あるいは経済成長や公共財政の穴を埋めるために、豊かな国が提供する資金の原資は国民の払う税金である。

ナショナリズムの時代にできあがった国民国家の基本的な運営ルールは、国家の富の一部を税金としてプールし、政府が集団の安全と最低限の暮らしを保証する原資とする、というものだ。ではプールした資金を対外援助として外国人のために使うことを、どう正当化するのか？

たいてい三つの根拠が挙げられる。第一に、援助国が資金を海外に送るのは自らの国益につながるという考えだ。たとえばシリアの内戦を鎮めるために援助をすることによって、自国へのテロ攻撃の可能性を抑えようとするケースだ。

第二に、悲惨な経験をした人々には特例的に援助をすべきだという考えだ。たとえばフィリピンでハリケーンによる特別大きな被害が出て、それに心を痛めた他国が援助するケースである。

このふたつの根拠は、世界は多数の国民国家の集合であり、それぞれの国家は恒常的に互いに対する責務を負っているわけではないという伝統的世界観に基づいている。

一方、対外援助の第三の根拠は、豊かな世界において極度の貧困にあえぐ人がいること、あるいは防ぐことのできる疾病によって命を落とす人がいることは許容できない、という考えだ。これは人類はひとつの国家だとする立場に通じる。数百年前にはじまった奴隷解放運動を土台とするが、何人に対しても非人道的扱いをするのはまちがっているという発想にとどまらず、豊かなコミュニティには万人の福祉を増進させる仕組みにお金を出す積極的義務があると考える。自己防衛あるいは自己利益の問題ではなく、人間としてどうあるべきかの問題だ。こうしたグローバリストの論理に基づく対外援助は、人類共通の普遍的社会契約に向けた第一歩と見ることができる。

各国の援助の実態を調べてみると、意思決定者には対外援助はグローバルな社会契約だという認識が確かに存在するようだ。人道的危機への援助は全体の一〇%にすぎない[8]。残りのすべてが援助国の国益を推進するためのものだという見方は誤っている。

ヨーロッパの援助国の多くは、援助の目的はふたつの面で国益を増進することだとかねてから主張してきた。ひとつは援助を受けた国から自国への移民を減らすこと。もうひとつは暴力的な過激派の活動を抑えることだ。

ただこうした主張は筋が通らない。むしろ現実はその逆の結果を招いている。

たとえば移民問題だ。貧しい国を支援するためにカネを渡すことほど、自分たちのほうが豊かであり、暮らしむきもずっと良いというメッセージを明確に伝える方法はない。開発計画がうまくいき、国民が極度の貧困を脱することができれば、豊かな国に移ろうとする可能性は高まる。近年シリアやイラクなど中所得国からヨーロッパへ向かう不法移民のほうが、同じように戦争によって荒廃したイエメンやコンゴ民主共和国のような貧しい国からの移民よりもずっと多いのはこのためだ[9]。

援助が移民を減らすというのが誤りであることは、これではっきりした。では暴力的な過激派を抑えるという目的についてはどうか。

最低限の生活を脱し、次の食事をどう確保するかにそれほど頭を悩ませなくてもよくなった人は、議論をしたり、組織的活動に参加したりする余裕ができる。身近な生活から構造的不平等を抱えたグローバル体制にいたるまで、これほど不公正のあふれた世界では、一日あたりの所得が一・九ドルを超えた人々の一部が組織化し、不公正なグローバルシステムを牛耳《ぎゅうじ》る国々に抵抗しようと考えても不思議ではない。暴力的な過激派は減るどころか、むしろ増えるだろう。最近のテロリストのなかで、絶対的貧困のなかで生まれ育った人はきわめて少ない。歴史を振り返ればわかるように、暴力的な政治運動に参加するのは、不当な扱いを受けていると感じているコミュニティのなかでも比較的裕福な者たちだ。

被援助国が移民防止策を講じること、あるいは過激派を抑えることを条件に行われる援助は、支援国の国益にそったものに思える。そしてヨーロッパ諸国の援助の一部は、たしかにそうしたプロジェクトに使われている。だが援助の大部分は被援助国の生活水準を高めるために使われており、先に述べたような援助国の国益を増進しているかは控えめに見ても疑わしい[10]。

こうした状況を考えると、対外援助の多くはグローバルな社会契約を実践するために使われているのが実態だとわかる。それは「ダボス会議に集うエリート」によるお人よしの一般大衆への裏切りだろうか？

そうではない。対外援助に懐疑的な人々に配慮して、政治家が国益増進という説得力のない根拠をよく口にするのは残念だが、先進国の援助プログラムは対外援助を支持する国民の要望に応えるための政治的対応にほかならない。対外援助を支持する人々はたいてい、意思決定者と同じコスモポリタンな価値観を持っている[11]。要するに政府は、多くの有権者の期待に応えるためにリソースの一部をグローバルな社会契約の実践に使っているのだ。

このグローバルな社会契約の成熟度を過大評価するのは禁物だ。援助国の市民は、政府が国民所得の二五〜五〇％を税金として集め、国民国家のなかで再配分することを受け入れている。だが援助に前向きな国でも、対外援助にまわすのは国民所得のせいぜい一％ぐらいだ。アメリカの場合は、国民所得の〇・二五％にも満たない。この程度のわずかな援助を根拠に、先進国の国民がグローバル国家を全面的に支持しているとはいえない。しかしその目標に向かって前進している証であるのは確かだ。

いまの「援助」のダメなところ

ＳＤＧｓはグローバル国家のミッションである、という意識を多くの人が持つようにするためには、ふたつの大きな変化が必要だ。まず世界の貧しい人々を支援するための取り組み（「世界規模の開発」と呼ばれる）に対する認識を、大きく変える必要がある。さらに援助資金の集め方も変える必要がある。貧しい人々を支える道徳的責務を「豊かな国」から「豊かな人々」へ移すのだ。

まず世界規模の開発への認識を、どう改める必要があるのか。ここでもヒントになるのはナショナリズムだ。最も弱い立場にある人々を支援するのがグローバル国家の「目指すもの」ならば、悲観的見通しや希望のない話ではなく、その成果に関するポジティブなストーリーが必要だ。イギリス人がＮＨＳを大切に思っているのは、それが大きな成功を収めたと思っているからだ。アメリカ人が言論の自由を支持するのは、アメリカが地球で最も自由な国だと信じているためである。日本人が清潔さを大切にするのは、清潔な国で暮らすことをすばらしいと思っているからだ。

世界の貧困を解決すべきだという主張はたいてい、飢餓や病気などに苦しみ、支援を必要としている人々の姿を通じて、良心に訴えてくる。栄養失調のアフリカの子供の顔のまわりにハエがたかっている写真は、誰もが目にしたことがあるはずだ。

この方法は人々の琴線に触れ、行動をうながすのに有効かもしれないが、問題も多い。苦しむ人々のネガティブな写真をひたすら見せられると、国際社会が何十年も資金を投じてきた問題が解決していないというメッセージが伝わる。今日、ほとんどの人は世界的な貧困は改善するどころか、むしろ悪化していると考えている。[12] この印象はまちがっており、しかも有害だ。急激に世界人口が増加しているにもかかわらず、絶対的貧困の状態にある人の数は現在、一九九〇年と比べて半分以下になった。感染症で命を落とす子供の数も半減した。教育を受けられる人は増え、電気が使える人も増え、女性の労働参加はかつてないほど増えている。

こうした変化の大部分は中国が市場資本主義を受け入れたことによるものだ、という反論がよく聞かれるが、それはまちがっている。もちろん世界の貧困削減において中国の貢献は大きいが、エチオピア、バングラデシュ、インドネシアなど多くの被援助国の貢献も大きい。ここ数十年、相次ぐ戦争の災禍に苦しんできた中東でさえ、健康や教育には改善が見られる[13]。世界の状況は悪化しているというイメージはまちがっているだけでなく、対外援助は資金の無駄遣いだという認識を広めるという弊害がある。

対外援助を語るうえで、極度の苦しみにあえぐ人々のみにスポットライトを当てることは、共感ではなく同情を喚起するという意味でも問題がある。国民国家の連帯は、自分たちには違いよりも共通点のほうが多いという気づき（あるいは神話）によって生まれた。国際開発にかかわるこれまでの議論は、世界の最貧困層は別の星から来た人々のような印象を与える。「第三世界」という呼び方まであるほどだ。世界の貧困地域には苦しみしかないような伝え方に、こうした地域出身の人々の多くは不快感を抱いている。そうした地域にも当たり前の暮らしがあることを伝え、自分たちの国の実態をもっとよく知ってもらいたいと考えているのだ。

『ラブ・アクチュアリー』監督の挑戦

どうすればもっとポジティブなストーリーを伝えられるのか。

それこそまさに著名なイギリスの映画監督、リチャード・カーティス（代表作に

『フォー・ウェディング』『ノッティングヒルの恋人』『ブリジット・ジョーンズの日記』『ラブ・アクチュアリー』などがある）が自らに課したミッションだ。

カーティスは一九八五年に、史上最も成功した募金活動のひとつ、「コミック・リリーフ」を立ち上げた。[14]二〇一五年にはＳＤＧｓの認知度を高めることを目的に、「プロジェクト・エブリワン」を創設した。初期の成功例のひとつが、ＳＤＧｓをテーマにした独創的な一分間のコマーシャルを制作し、三五カ国の映画館で流したことだ。一億人がこのコマーシャルを大画面で目にし、そのうち三分の一がたった一度しか見ていないにもかかわらず一週間後も覚えていた。映画館のコマーシャルとしては、まれにみるリテンション率だ。[15]

しかし長期にわたってＳＤＧｓを人々の頭と心に刻み込むには、まだ世界に対するモノの見方が固まっていない若い世代に、もっと積極的手段で訴えかける必要がある。

それに挑戦しているのが、プロジェクト・エブリワンがユニセフ（国連児童基金）と共同で実施している「世界を学ぶ一週間～The World's Largest Lesson」だ。世界中の学校に働きかけ、ひとつかふたつの目標を選んでもらい、子供たちが興味を持てるような授業をするための資料を提供している。これまでに世界のほぼすべての国で、資料を使った授業がおよそ一万六〇〇〇回実施された。一回の授業を平均三〇人が受けたとすれば、五〇万人近い子供たちがこの取り組みを通じてＳＤＧｓについて学んだことになる。

大きな一歩だが、もちろんこれだけではまるで足りない。ＳＤＧｓを支持する人々は、「世界を学ぶ一週間」のような学習内容を教育カリキュラムに必修科目として取り込むことを政府に要求すべきだ。そもそも世界中のすべての政府が、二〇一五年にＳＤＧｓに署名しているのだから、自分たちが何を約束したのか、子供たちに教えてほしいと言われて困るはずがない。あらゆる国民国家が義務教育のなかに自国のミッション、すなわち目指すものを取り入れている。ＳＤＧｓをすべての国のカリキュラムに取り込むことは、グローバル国家の成立に向けて大きな前進となるだろう。

最近リチャード・カーティスとあらためて話をしたところ、こうした授業や演習が目指しているのは、まさにグローバル国家の創設なのだとお墨つきをくれた。カーティスは「ヒットを探すこと」が自分の役割だと考えている。ＳＤＧｓのなかに、人々が共感できる要素を探し、それをできるだけ多くの人にシンプルかつ印象的に伝えることだ。

対外援助とは「税金」である

国際開発にまつわる認識を変えるには、そこに使われる資金の調達方法も変えなければならない。

変化はすでに起こりつつある。過去三〇年の世界経済の構造変化によって、中国、湾岸諸国、韓国、トルコ、ブラジルなどアジアや南米の援助国の存在感が大幅に高まった。二〇〇〇年にはわずか三%だった世界の援助資金に占める新興市場国の割合は、いまでは少なくとも一五%に達している[16]。

新興の援助国の歴史や自己認識は、ヨーロッパや北アメリカの援助国とはまったく違う。自国内にもまだ多くの貧困層を抱えているため、こうした国々は対外援助を自らの国益と結びつけようとする傾向が強い。また主要な国際開発機関（国連、世界銀行、世界保健機構など）の設立では中心的役割を果たさなかったため、こうした機関を通じて行う援助は少ない。対外援助を「文明化をうながすための手段」というより、相手との経済協定の一環と見ていることから、援助に細かな条件をつけないことが多い。新興の援助国の多くは、自らも国内制度にかなりの問題や弱点を抱えている。

こうした違いから、新興の援助国はグローバル体制を脅かす存在として見られることが多い。貧困国がヨーロッパ諸国からの援助を断り、中国に頼ることができるなら、苦労してさまざまな制度改革を実施しなくなるのではないか、と。

そうした見方は誤りだ。新興市場国が援助国となることで、国際開発に投じられるリソースは全体として増えた。それ以上に重要なのは、こうした国々が援助国になったことで、政府を通じてグローバルな開発の取り組みに参加する人の総数が大幅に増えたという事実だ。これはまちがいなく好ましいことだ。

かつては少数のきわめて豊かな国々が、少数のきわめて貧しい国々を支援するといった構図だったが、いまや国際開発は世界中のほぼすべての国が、援助国として、被援助国として、ときにはその両方として参画する場となった（たとえばインドは援助国であると同時に被援助国だ）。国民国家のたとえを使うなら、対外援助は最も必要とする国民に基本的福祉を提供するための税金に等しい。いまは「納税者」としてグローバル国家の運営に参加する人の数が大幅に増えている状況なのだ。

現在のところグローバル体制は複雑で、混乱と対立に満ちている。協力だけでなく競争もさかんだ（アメリカ中心の国際機関では発言権を増やせないため、中国は積極的に独自の国際機関を創設している）。だが深刻な対立を回避できれば、これまでよりはるかに効果的な仕組みが生まれるかもしれない。ヨーロッパや北アメリカの援助国にしてみれば、他の地域の台頭によって自らの影響力が薄まるのは当然愉快なことではない。ただこれはもっと平等な世界につながる道であり、真に協調的な国際行動の実現に欠かせない一歩だ。

最低富裕税

国際開発の資金の流れについて、変えるべき点はこれだけではない。経済のグローバル化は、個々の国に大きな恩恵をもたらす段階から、特定の個人に恩恵をもたらす段階へと変化した。このためどの国にもひとにぎりのスーパーリッチが誕生する一方、豊かな国の庶民が長らく享受してきた恩恵は失われた。

こうした流れのなか、豊かな国々の大富豪が何も負担しない一方、所得の伸び悩むアメリカやヨーロッパの低技能労働者から税金を徴収して貧しい国々の開発援助に充てるという状況は維持できなくなってきた。

第6章で詳しく説明するが、ぼくが解決策として提案するのは、一〇〇万ドルを超える個人資産に対して税率〇・五％の強制的な「最低富裕税」を課すことだ。最低富裕税は個々の税務当局が管轄の資産家から徴収し、自由に使う。ただ徴収した金額の半分（つまり一〇〇万ドルを超える個人資産の〇・二五％）は国際開発に拠出することを期待される。現在の対外援助と同じように拠出は任意だが、国連での投票権に紐づけすることで拠出を奨励する手もある。

こうした仕組みができれば、国際開発はあらゆる国の富裕層、すなわち経済グローバル化の恩恵を最も受けている人々の資金でまかなわれることになり、状況は一変するだろう。

本書の提案の多くがそうであるように、これもすぐに実現できるとは思わない。しかし強く求めていけば、世界における私たちの立場、そして互いに対する責務への認識が今後変化するなかで、そうした劇的な変革への社会運動を盛り上げていく機会はあるはずだ。

もちろん最富裕層がお金を出すだけでは、ミッションは真に普遍的なものにはならない。それほど豊かではない人々（そのほうがはるかに数は多い）もミッションの「対象」になるだけでなく、自ら「担い手」となる必要がある。総じて見れば、それほど難しいことではない。

たいていの人はもっと健康になりたい、より良い教育を受けたい、貧困から抜け出したいと願っている。マラリア対策の蚊帳《かや》の配布は、誰が見ても好ましいことだ。マラリアにかかりたい人などいないのだから。

ジェンダー平等

ただＳＤＧｓにはひとつ、ほかと比べてかなり賛否が分かれるものがある。目標五「ジェンダー平等を実現しよう」だ。

世界のすべての国がこの目標を支持したものの、ジェンダー平等を実現するための取り組みに懐疑的なコミュニティは多い。外国人がよく考えもせず、自分たちの価値観を他の人々に押しつけようとしているように思えるためだ。そうしたコミュニティでのジェンダー関係に介入する試みは、男性だけでなく女性からも敵視される。

そこでこんな疑問が出てくる。人々の意思に反するエンパワーメントなどどこまで可能なのか、と。

ジェンダー平等への取り組みは被援助国に対する文化の輸出だ、という考えは、援助国での取り組みが支持される一因となっている。豊かな国には、援助によって他国の人々に自分たちと同じような価値観を教育するという発想を好む人が多い。過去の栄光に基づく使命感は、プライドを刺激するのだ。「われわれの国ではジェンダー関係を改善し、良い結果が出ている。今度はおまえたちが同じ結果を出せるように手を貸してやろう」という姿勢だ。それは被援助国の人々にとってはとても不愉快だ。

だからと言って、ジェンダー平等はミッション・ステートメントから削除すべきだということにはならない。多くの人により良い人生を約束する重要な目標であり、切り捨てることなどとても考えられない。むしろグローバル・コミュニティの中核的目標として捉え直し、一九三カ国がジェンダー平等への支持を正式に表明したというすばらしい成果をさらに発展させていくべきだ。

ただその取り組みを進めるうえでは、どこまでも謙虚になる必要がある。それはジェンダー平等の先進国と言われる国々でさえ、女性の立場が改善したのは最近であり、まだ完璧ではないと認めるということだ。さらに被援助国の人々の考え方や希望を、取り組みのあらゆる段階で尊重することでもある。

国際開発への考え方をこのように改めることができれば、人類が目指すものについて真に人々の心をひとつにするようなストーリーを生み出せるかもしれない。それはアフリカやアジアが苦境にあえぎ、ヨーロッパや北アメリカは救世主であるといった従来の対比的な見方を否定するものでなければならない。そうではなく世界はフラット化し、人々のライフスタイルや考え方は似通っていき、富裕層はあらゆる人が基本的生活を送れるように支援する責務を負うというビジョンを描くべきだ。

「共通の敵」をつくろう

目指すものが何であれ、人々に行動をうながす最適な方法は、共通の「敵」に意識を向けさせることだ。数百万年におよぶ進化のなかで、生存本能は人間にとって最も強力な動機づけとなった。国民国家による国民を団結させる試みの多くが、差し迫った実在あるいは架空の脅威に基づいていたのはそのためだ。

通常、国民をひとつにする脅威となってきたのは、海外の軍勢だ。ドイツとイタリアでの国家統一の運動が盛り上がった要因はフランスの軍事的優位、とりわけナポレオンに侵攻された経験だった。中国と日本のナショナリズムは、ヨーロッパやアメリカによる「砲艦外交」に刺激された。アラブ・ナショナリズムは帝国主義とイスラエルに領土を奪われたことへの反発から生まれた。

こうした発想は、ナショナリズムがもたらす最大の危険といえるかもしれない。ナショナリズムが台頭する前の戦争は、国との絆などほとんど感じていなかった住民の多くにとって胸を躍らせるような出来事ではなかった。暴力や略奪を免れることができれば、どちらが勝利しても気にしなかった。しかしナショナリズムの時代になると、国民は国家を自らの分身と見なすようになり、それを守ることが神聖な義務となった。過去二世紀にわたり、先例のないほど多くの兵士が集まり、その多くが義勇兵であったのはこのためだ。ナショナリストは隣国に対抗するために団結することがあまりに多かったことから、チェコの政治科学者、カール・ドイチェは国家を「過去についての誤解と隣人への憎しみの下に団結する集団」と定義したほどだ。[17]

こう考えると、憎むべき隣人の存在しない真のグローバル国家は本当に実現可能なのか、という疑問が湧いてくる。そうした外的脅威がなくても、私たちは心をひとつにできるのだろうか？　本書のために取材を続けるなかで、ぼくの主張への疑問として最も多く挙げられたのがこの点だった。国家には常に「よそ者」、嫌われ者が必要なのではないか、と。

もちろん隣人などいなくても、人類には懸念すべき危険がまだたくさんある。各国の政府はすでにＳＤＧｓというかたちで、その危険についての共通認識を示した。一七の目標のうち一〇項目は私たちが「目指すべきもの」を挙げている。大きなくくりでいえば、いずれも最も弱い立場にある人々がまっとうな生活を送れるように支援することにかかわっている。

残る七項目のうち、ひとつは戦争を回避すること、あとの六つは自然環境と生態系を守ることのさまざまな側面を挙げている。六つのうち、どれかひとつでも失敗すれば、まさしく人類の存続にかかわる脅威となる。

私たちは、共通の敵はあいまいに定義された集団ではなく、こうした脅威だと認識を改める必要がある。このような発想の飛躍は不可能に思えるかもしれないが、どうしても必要だ。そして人類は必要に迫られて、こうした適応を幾度も成功させてきた。

今日の世界において新たな兵器の破壊力はすさまじく、現代文明を存続させるためには主要国同士の全面戦争は絶対に避けなければならない。国民国家というシステムが機能したのは、戦争がまちがいなく損害をもたらすものの、少なくとも一方の当事者にはうまみがあった時代だ。個々の国民の命が危険にさらされ、領土の一部を得るか失うかがかかってはいたものの、ひとたび戦争が終われば以前と変わらぬ暮らしが待っていた。だが今日、大国同士の戦争が起これば、世界経済の相当な割合を占める多くの主要都市が完全に破壊され、地球上の相当部分が住めなくなり、予想もできない気候への波及効果が生じるだろう[18]。

このすさまじい破壊力はすでに一九八六年のチェルノブイリ原発事故で明らかになった。

この事故によって東欧のかなりの地域がいまでも居住不可能になっている。[19] あるいは二〇〇三年のイラク戦争だ。そこではアメリカ軍が戦車から劣化ウラン弾を発射し、イラクでは奇形児出生や癌《がん》の罹患《りかん》率が大幅に上昇したとされる。イラクの人々は今後何十年も、この問題に苦しみ続けることになる。[20] いずれも恐ろしい悲劇だが、超大国同士の全面戦争とは比較にならない。

こうした理解に基づき、二度の世界大戦を経て、今日まで続くグローバル体制が築かれた。その中心となるのが国連で、目的はまさに大国同士の戦争が再び起こるのを防ぐことだった。

しかし組織をつくっただけでは不十分だ。この努力を完結させるには、国際機関が成功するのに不可欠な社会的連帯を生み出す必要がある。

現行システムは世界戦争の脅威を抑えるのにきわめて有効だ、という見方もあるかもしれない。相互確証破壊（MAD）という脅威があれば、指導者を正気に返らせるのには十分だ、と。この論理に従えば、誰の利益にもならない悲惨な戦争を避けるのに共通のアイデンティティやグローバル体制の強化は不要ということになる。

こうした見方はあまりに楽観的すぎる。一九四五年以降の数十年、社会には数千万人もの人命が失われ、最終的に民間人の住む都市に原爆が落とされる事態にいたった戦争の記憶が生々しく残っていた。だがそんな時期はまもなく終わろうとしている。第二次世界大戦を戦った人々は、すでにほとんどが亡くなってしまった。戦争を生き延びた人々は、すでに社会の重要な地位を去った。あと六〇年も経てば、第二次世界大戦を実際に経験した人から直接その悲惨さを聞いた世代も、誰も残ってはいないだろう。相互確証破壊という論理が未来永劫有効だという見方は、世界大戦後の社会心理の特殊性を過小評価している。

ポスト・アメリカの覇権戦争がはじまる

アメリカの覇権が徐々に、しかし確実に衰えていくなかで、はるかに困難な時代がまもなくはじまる。現在進んでいる地政学的再編によって、今後数十年のあいだに超大国同士が衝突するリスクは大幅に高まっている。そうした衝突が起これば、足下のイスラム原理主義によるテロ活動など、歴史的にはとるに足らない出来事になるだろう。

懸念材料として頻繁に挙がるのが、中国の台頭による「トゥキディデスの罠」だ。五世紀に起きたスパルタとアテネの戦争を、既存の大国と新たなライバルのあいだの避けられない衝突と呼んだ、古代ギリシャの歴史家トゥキディデスにちなんだ言葉だ。

しかしアメリカ主導の世界秩序には、それほど注目されていないが、同じように重大な脅威がもうひとつある。内側からの脅威だ。アメリカは防衛費がかつてない水準に膨らんでいて、その経済的負担に耐え切れなくなっている。

そこで戦略地政学的な現状を守るため、同盟国に費用や任務をより多く分担するよう求めている。ＥＵは費用負担の増加を余儀なくされた。アラブの湾岸諸国はすでに相当な軍事費を使っているが、中東地域のアメリカの敵に対抗するためにさらに大きな軍事的役割を担うよう求められている。日本も軍（表向きは「自衛隊」だが）を増強しており、首相は現行の平和憲法を改正し、軍事的影響力を一段と強めようとしている。

アメリカの軍事力のみに支えられた同盟が、アメリカの支配力が弱まった同盟に変化すれば、当然影響が出てくる。サウジアラビアがイエメン内戦への介入を主導し、ＥＵがアメリカと足並みをそろえてイラン核合意から撤退することを拒絶したことなどはその表れだ。これから多極化していく世界を考えるときには、中国、インド、ロシアなど新興国の台頭だけでなく、これまでは盤石だったアメリカを中心とする同盟が、より平等でときには対立も起こりうる関係へと変化していく可能性も考慮する必要がある。

またこれまで私たちが生きていたのは、核兵器技術が比較的新しく、それゆえに入手が困難な時代だった。これは核兵器の拡散を抑制し、それゆえに核戦争に発展しうる紛争もかぎられていた。だがそうした状況は急速に変わりつつある。核保有国が増え、それにともなって核兵器が使われる可能性のある紛争も増えている。既存の世界システムはこれまで、核兵器が再び使われる事態を防ぐことには成功してきたが、核拡散を止めるのにはまったく役に立たなかった。

最後の大国同士の衝突から長い年月が経ち、しかも技術開発が急速に進んでいることから、万一衝突が起きた場合にどちらが勝つかはしだいに予測できなくなっている。ゲーム理論によれば、武力をともなう衝突を正当化できるのは、情報のバランスが崩れたときだけだ。はじめからどちらが勝つかがわかっていれば、どちらかが損失を被ることのないように、すぐに和平条約を結ぼうとするだろう。

一九四五年のアメリカは、自らが世界最強の軍事大国であることをはっきりと証明した。アメリカがいまも最先端の軍備を保有していることを疑う者はほとんどいない。しかし大国同士の全面戦争がないまま時が経つにつれて、中国のような急速に発展をとげる国のなかには、そうした前提に疑問を持つところが出てくるかもしれない。自らの技術力をもってすれば、敵の核戦力を封じられると考える国が出てくれば、転換点になる。その認識が正しいか否かにかかわらず、そうした考えは戦争を、それも核の先制攻撃を仕掛ける強力な根拠となる。

「テロとの戦い」の落とし穴

発生確率という点では、大国同士の衝突よりも、グローバルな規模での民族浄化のほうが高いかもしれない。二〇一七年に三八カ国で実施された調査では、気候変動やサイバー攻撃、中国の台頭やアメリカの戦力や影響力などを抑えて、「イスラム国（ＩＳ）」のような国際テロ組織が最大のグローバルな脅威と見られていた。世界はすでにＩＳのようなテロ組織を倒すために力を結集しようとしている。たとえばシリアではテロ組織を殲滅《せんめつ》するために、ロシアとアメリカのようなライバル同士がしのぎを削っている。

　ただ、この当然ともいうべきテロ組織の標的化や、イスラム教徒全般に対する漠然とした憎しみには、非常に危険な落とし穴が潜んでいる。「テロとの戦い」はこれまでにも、イスラム教徒の少数派を抑圧するための隠れ蓑《みの》として幾度も使われてきた[21]。現在、ヨーロッパやアメリカを中心に、明確に反イスラムを掲げる政党や集団が誕生し、大衆の支持を獲得している。英『ガーディアン』紙はこの反イスラム運動が、徐々に世界的に連携するようになっていると指摘している[22]。

　二〇一二年、オーストラリア人の社会学者ジョージ・モーガンは、「イスラム嫌悪は世界初の、グローバルな道徳的パニック」であり、その結果イスラム教徒は「国際的な嫌われ者」になってしまった、と指摘した[23]。今後、このグローバルパニックがグローバルな集団虐殺に発展するリスクは大きい。

　アメリカと中国の対立は、双方が無傷ではすまないような強国同士の戦争に発展する可能性があるのに対し、イスラム教徒をこらしめるのは残念ながら非常に簡単だ。イスラム教徒が多数派を占める国で核武装しているのはパキスタンだけで、経済規模も小さく、社会制度は未熟で、貧困層は多い。世界が束になってイスラム教徒を攻撃したとき、パキスタンがゆるぎない壁になる可能性は低い。

イスラム嫌悪がイスラム教徒の虐殺に発展する、と予言するつもりはない。ただグローバル・コミュニティがひとつにまとまっていくなかで、私たちはこうした動きに注意すべきだと警告したいのだ。過去に国民国家のコミュニティが形成されていくとき、こうした残酷さが特徴的に表れた。グローバル国家が同じ轍を踏んではならない。

「スポーツ」と「民主制」は本能を手なずける手段

考えが甘い、と言われるかもしれない。人間は常に隣人を敵視してきたし、今後もそうし続ける、それは人間の変わらぬ本質なのだ、と主張する人もいるだろう。だがそうした見方は、私たちの先祖が文化的伝統を生み出すことで、人間の本質を利用しながら、うまく方向づけしてきた事実を見落としている。進化によって植えつけられた最も根深い本能を変えることはできなくても、それを抑制することにはたびたび成功してきた。

ナショナリズムの時代に生まれた、「チームスポーツ」と「複数政党制」というふたつの社会制度は、人間が本能をうまく手なずけてきた実例だ。[24] チームスポーツは、人間の集団に働く挑戦、戦闘、支配といった自然な欲求を、安全かつ楽しい気晴らしに変えたものだ。マンチェスターのサッカーファンはリバプールに押しかけ（その逆もある）、長年の仇敵を打ち負かし、意気揚々と地元に引き揚げる。その間、どちらの街の住民も地元のアイデンティティへの強い思い入れを示す。しかしそれはあくまでも、全員に同じ権利を保証するイギリスという国家コミュニティのなかで平和的に行われる。

一方、複数政党制は、集団の支配的指導者をその座から引きずり下ろしたい、という人間の欲求に対応している。人類史の大部分を通じて、新たな思想やことなる支持基盤を持つ挑戦者が台頭し、誰も殺されたり投獄されたりしない平和的かつ公正なプロセスを通じて、コミュニティの支配者を最終的に転覆させることなどありえないと思われてきた。政治的変化は必ず暴力をともなうものだ、なぜなら常にそうだったから、と。いまでも多くの地域では、そうした伝統が残念ながら続いているようだ。

スポーツや民主政治は、互いに強固なアイデンティティや「他者」を敵視しようとする連帯意識を持つ多くの集団が、より広範なナショナリスト精神のなかで共生できることを示している。こうした社会制度はグローバル国家のなかで、人々が心の奥に抱いているローカル（地域的）なアイデンティティを持ち続ける基盤になりうる。

しかし「人類全体の外敵」という私たちの心をひとつにするような要素がないなかで、どうすれば広範なグローバル・アイデンティティを育《はぐく》めるのか？

そのためには新たな共通認識を生み出す必要がある。存在しない相手とサッカーの試合をしたり、選挙を戦ったりすることは不可能だ。だから生存本能の対象を、人間のかたちをした「敵」から、人類を滅ぼす力を持った要因へと変えなければならない。

人類共通の「敵」とは何か

ＳＤＧｓのうち、六項目が地球を守ることにかかわっているという事実は示唆に富む。かつて戦争の破壊力への恐怖がグローバル体制を構築する原動力となったのと同じように、今日気候変動と人類絶滅への恐怖はグローバルな行動への政治的意思を盛り上げている。核戦争の脅威と同じように、気候変動には世界中の人々の心理に対する強烈な効果がある。それは世界人口の大部分を危険にさらす。そこには富者も貧者もない。核戦争も気候変動も人類を完全に絶滅させるとはかぎらないが、どちらもあらゆる大陸の主要都市を完全に破壊できてしまう。

残念ながら、行動への政治的意思というものは脅威が現実化するまで生まれないことも多い。国連は広島や長崎、さらにはベルリン、マニラなど多くの都市が破壊しつくされるまで誕生しなかった。人類が核戦争や気候変動に対して団結する必要性は、いずれかが考えられないほどのカオスを引き起こすまで、多くの人にはピンとこないのかもしれない。だからと言って、手をこまねいているわけにはいかない。新たな国家の構築、人間の本能が反応する対象を変えるような新たな共通認識やモノの考え方の醸成は、あらゆる世代が取り組むべき課題だ。そしてそれに着手すべきタイミングは常にいま、このときなのだ。

私たちには本能的に他者を敵として認識する傾向があることを考えると、最も効果的な方法は、人類が直面する危険を「擬人化」することではないだろうか。特段、目新しいことではない。古代ギリシャやローマの神々のなかには、海など場所を擬人化した神（ポセイドンあるいはネプチューン）、戦争を擬人化した神（アレスあるいはマーズ）がいた。古代中国の「土地公」から、モンゴルの天の神「テングリ」、さらにはアフリカからアメリカまで広い地域に見られる「アニミズム（精霊信仰）」の土地固有の神々まで、神聖な存在の擬人化は当たり前のように行われてきた。ヒンドゥー教では、そうした慣習がいまも続いている。インドのエッセイスト、パンカジ・ミシュラによると、いまでは一部のコミュニティにエイズの女神（エイズを引き起こし、また治癒する神）がいるという[25]。

ほかにも新たな文化が、人間以外の敵を想像し、人類が心をひとつにするイメージづくりに役立っている例はある。サイエンス・フィクション（ＳＦ）、とくにエイリアンによる攻撃をテーマにした物語は、二〇世紀になるまでほぼ存在しなかったジャンルだが、いまでは数百万人を夢中にする文化となっている。

なぜこんな現象が起きたのか？　それが二〇世紀なかばから人類の知識と移動範囲の限界を広げてきた宇宙探査への、文化の側からの反応であるのはまちがいない。また近年の科学的発見によって、地球以外にも生命が存在する可能性が現実味を帯びていることも影響しているだろう。

ただ映画、本などさまざまな媒体で地球外生命を敵として扱う作品が増えている最大の理由は、私たちのなかで人類というアイデンティティが強まり、その集団を目に見える「外敵」から守ろうとする欲求と結びついたためだとぼくは考えている。

このように宗教やSFというかたちで、人類共通の敵についてのストーリーを紡ぐ素地は存在する。

これを二一世紀にふさわしいかたちで活かすために、あらためて教育現場に目を向けよう。子供は抽象的概念の擬人化ととても相性が良い。

ぼくは創設に携わったノース・ロンドンの学校で、それを目の当たりにしてきた。生徒たちは四歳から学問、チームワーク、責任感など、学校が重視する価値観を学びはじめる。価値観はマンガのキャラクターのかたちで提示する。子供たちにとってキャラクターは、伝えるべき価値観を体現する存在なのだ。擬人化することで、生徒たちは価値観を驚くほど深く理解する。幼い子供でも、どのキャラクターが一番好きか、それはなぜかを説明できる。

気候変動を擬人化しても、私たちの行動はすぐには変わらないかもしれない。とはいえ近年、台風やハリケーンに人間の名前がつくようになったのは、まさにこうした目的からだ。気象学者は嵐に名前をつけると、人々の関心が高まり、危険回避に役立つことを発見している。[26]

これからの世代の子供たちに、戦争から気候変動までさまざまな世界的脅威を明確な個性を持つキャラクターのように伝えていけば、彼らはそれを生涯忘れないだろう。そうすることで数十年後には、私たちが「他者」に抱く本能的敵意のあり方が変わり、人間ではない本物の脅威に向けて人類がひとつとなるグローバル国家が誕生するかもしれない。

第4章
国民国家を守る
——第3の原則

「いま起きているのは、国民国家を打倒すべき障害と考える人々と、磨きあげるべき至宝と考える人々との戦いだ」

——スティーブ・バノン、二〇一八年六月

グローバリストは一六四八年のウェストファリア条約以来続いてきた国民国家という体制を弱め、最終的にはつぶそうとしている、とよく言われる。[1] 先進国の数億人の国民にとっては、市民権こそがなにより重要な個人資産だ。右のバノンの主張が事実なら、先進国の人々がグローバリズムに背を向けるのも当然だ。

実際には、こんな結果を求めているグローバリストはほとんどいない。たいていは反グローバリズム陣営が、グローバリストを脅威と思わせるためにこんな主張をするのだ[2]。

この主張はとても強力で、また広く事実だと思われていることから、ここではっきりと、完全に否定しておきたい。アイデンティティとガバナンス（統治）の両面においてグローバルなレイヤーを重ねることは、国民国家を弱くするどころか、むしろ保護することを、グローバリストは具体的に示す必要がある。個々の国家を強くすることと、グローバル体制を強くすることが二者択一であるかのような誤った通説を覆さなければならない。世界の平和的連帯をうながすうえで、国民国家の継続は障害どころか、絶対に欠かせない要素だ。

国民国家は「終わる」のか

一九九〇年代には国民国家は衰退しているという言説が流行した。ウォルター・リストンの『主権国家の落日（*The Twilight of Sovereignty*）』（一九九三年、未邦訳）や大前研一の『地域国家論――新しい繁栄を求めて』（一九九五年）、スーザン・ストレンジの『国家の退場：グローバル経済の新しい主役たち』（一九九六年）などは、グローバル化とテクノロジーが政治や社会に及ぼす影響を礼賛、あるいは憂慮していた。そうした潮流は学術界にとどまらず、一九九六年にはドイツのコール首相が「国民国家では二一世紀の重要な課題を解決できない」と述べた。[3]

以来、同じような主張は脈々と続いてきた。国民国家は経済、アイデンティティ、さらには軍事力についても唯一の支配者ではなくなった。国境を越えるグローバルな力に押され、一段と無力になっている。かつて国民国家が担っていた機能の一部は、世界貿易機関（WTO）や世界銀行、EU、国連などの国際機関が担うようになった。国境や政府など歯牙にもかけないグローバル資本主義が支配する機能もある。さらにまずいことに国民国家も国際機関も放棄した機能があり、それが格差拡大と大衆の不満を招いている、と。

こうした主張にはそれぞれ正しい部分もあるが、だからといって国民国家が崩壊するという結論にはならない。国民国家が衰退に向かっているとするならば、過去にその権勢がいまより大きかった全盛期があったはずだ。しかし歴史家のアビエイ・ロシュワルドが示したように、[4]過去のどの時点においても、この主張を裏づけるのは難しい。

第一次世界大戦以前は、世界の大部分は帝国が支配しており、国民国家が存在していたところでも、あらゆる面でいまよりはるかに未熟だった。つまり今日と比べて、徴税、福祉、あるいは国民の政治参加の度合いははるかに低かった。両世界大戦のあいだの時期は、多くの国家は経済を自らの支配下に置き、参政権を拡大した。しかし帝国は依然として存在し、第二次世界大戦では国民国家のシステムそのものが崩壊しかかった。

一九四五年になってようやく帝国は解体され、多数の国民国家が誕生した（その数は一九五〇年から二〇〇〇年のあいだに二倍以上に増えた）。しかしあらゆる大陸において国民国家が当たり前の存在になったちょうどこのころ、その主権を脅かすとされる国際機関が創設された。しかも冷戦によって多くの国家の行動は制約され、いずれかの超大国と恩顧主義的関係《クライエンテリズム》を結ばざるをえなくなった。

ロシュワルドは国民国家が真に力をつけてきたのは、ベルリンの壁が崩壊して以降だと結論づけている（まさに国民国家衰退論が流行しはじめた時期にあたる）。そのおもな推進力となったのは、国民国家の主権を奪うとされたグローバルなルールや制度だ。こうしたルールや制度によって、小規模国家でもある程度の自律性をもって運営できるようになった。

国民国家の全盛期と言われている時代は、実は多くの国民国家にとって非常に危うい時期だったのだ。もちろん、なかにはさほど制約を受けずに行動でき、国際機関などと主権を分け合う必要のなかった国もいくつかある。イギリス、フランス、アメリカ、ロシア、そしてほんの短い期間ではあったがイタリア、ドイツ、日本も、自らには他国を制圧するだけの力があると考え、国際的な監視や介入を拒絶した。

こうした国々の国民からすれば、現在は国民国家の力が制約されているように見えるかもしれない。実態はともかく、少なくとも建前上は国際社会の体制に従わなければならないのだから。しかしこうした国々が過去に謳歌した自由、すなわち侵略する自由、他国に政権交代を迫り、政策に影響を及ぼす自由こそが、その時代に世界のほとんどの国民国家が完全な独立性を持てなかった理由なのだ。反対に現在はグローバル体制が（きわめてわずかな）制約を強国に課していることで、他の国々の主権は大きく拡大した。

国民国家に誰もが想定しているような全盛期が本当はなかったとしたら、国民国家が衰退しているという言説のほとんどは誇張ということになる。二〇〇三年のイラク侵攻や二〇一五年のウクライナ危機をはじめ、国連の承認なしにはじまった国際紛争を見ればわかるように、国際社会において横暴な国はいまも存在する。一方、国内を見れば国家が依然として中心的存在だ。先進国の多くでは、政府支出は国家経済の三分の一から二分の一を占める。先進国において国家はたんに支出の占める割合が大きいというだけではない。過去二〇年にわたり複数の国では、経済のうち国家の管理下にある割合が大幅に高まっている。フランスでは一九九五年の五四％から五六％超へ、イギリスでは三九％から四一％へと上昇した。日本では二〇〇五年以降、政府支出はＧＤＰの三六％から三九％へと膨らんだ。[5]

それほど豊かではない国々では、経済のうち政府が管理する部分は幾分小さいが、やはり過去二〇年でその割合は大幅に上昇している。[6] 過去二五年に中国、インド、トルコ、インドネシアといった国々が急成長するなかで、政府管理部分の割合が上昇していることは政府支出の大幅な増加を意味する。

つまりほとんどの国家経済において、政府は他の経済主体を圧倒する存在になっている。そしてグローバル化の進展にもかかわらず、いまも「国家経済」の重要性は変わらない。先進国の市民権にこれだけの価値があるのは、移民や海外への業務移管という要素はあるものの、国内労働市場には依然として国民に賃金プレミアム（上乗せ分）を支払えるだけの独立性があり、また政府には教育やインフラへの投資を通じて労働者の生産性を高める能力があるためだ。

そう考えると国民国家が個々の市民にとっていまも重要な存在であるのは当然だ。毎年、数百万人が自らの帰属する国家を変えるために、命がけで移住を試みる。

母国で暮らす大部分の人にとっても、国家は重要な意味を持つようだ。第1章で紹介した、四万五〇〇〇人を対象とする国際社会調査プログラム（ＩＳＳＰ）では、自らの生活する国民国家に対する感情についても聞いている。回答からは、国民国家は依然として人々の心の琴線に触れる存在であることがうかがえる。自分の国に「まったく親近感を感じない」と回答した人は世界全体で三％未満にとどまる一方、八七％が親近感を「感じる」「非常に感じる」と答えている。割合はこの質問を調査に含めたときから大きく変化していない。国民国家が崩壊したと言われるが、国民のほうにそんな意識はないようだ。

本当の「権力」はどこにあるのか

このように現実と国民国家の衰退というストーリーのあいだに食い違いが生じる原因のひとつは、本当の意味での権力の喪失と、たんなる活動の委任が混同されているからだ。世界のあらゆる国についていえるのは、一九八〇年代以降、かつて公務員が担っていた多くの活動が民間企業や国際機関など他の組織に委ねられるようになったことだ。鉄道、鉄鋼生産から発電まで、かつては多くの国で国営だった産業が民間事業者に移された。医療、教育、社会福祉など、現在も費用は政府が負担しつつ、運営は外注している分野もある。貿易仲裁機関の設立やヨーロッパでのEUの拡大など、より緊密に連携したほうが経済的メリットが大きいと判断された分野は、運営の権限が国際機関に与えられている。

このように多くの活動を他者に委ねたことが、国家が主権を失ったのではないかという懸念につながっている。国家が重要な機能の多くについて権限を委譲してしまったら、民主的に選ばれた政府は有権者の意思を実行できなくなるのではないか、と。

政府はその気になればいつでも権限を取り戻すことができる、というのがその答えだ。

近年のさまざまな出来事によって、本当に権力を握っているのが誰かははっきりした。イギリスはEUの一員で、アメリカは北米自由貿易協定（NAFTA）の一員だった。そして中国はブレトンウッズ体制の産物（世界銀行と国際通貨基金）を受け入れていた。それによって各国は自らの手を縛ったかのように思われていたが、フタを開けてみれば、いずれも国家の意思決定者が自らにうまみがあると思うあいだ自発的に加盟していただけの話だった。ブレグジット（イギリスのEU離脱）やNAFTAの再交渉、中国による新たな国際金融機関の設立はいずれも激しい反発を招いたが、国民国家がその気になれば、そうした行動をとる自由があること自体を否定する意見はなかった。たんに、賢明な判断なのか疑問を呈《てい》しているにすぎない。

要するに国民国家が国際機関に対して、不可逆的に主権を委譲したという事実はないのだ。国境を越える手続きの管理者として、国際機関は「使える」と判断しただけだ。国内の民間部門への業務委託についても同じことがいえる。国が産業の再国有化、あるいは民間との契約を打ち切ってサービスを公営化しようと思ったときに、障害になるのはそれにかかる費用と、そこに実益はあるのかという疑問だけだ。国民と意思決定者が実行する意味があると思えば、政府はいつでも権限を取り返すことができる。

さまざまな活動を他者に任せても、国民国家が人類にとって最も強力な組織単位であることに何ら変わりはない。それは大衆が国民国家の正当性を認めているからだ。世界の大多数の人が、今も自分の国に親近感を持っていることはすでに見てきた。それに加えて過去三〇年にわたり、八七～八八％の人が一貫して「自国の政治制度や法律を尊重することは重要だ」と考えている。しかも二〇一三年の調査では、四〇%近い回答者が「たとえ国がまちがっているときでも国を支持するべきだ」と答えており、一九九五年のわずか三三%から大幅に増えている。[7]

この最後の調査結果は国民国家への支持がどれほど強いものかを物語っており、注目に値する。たとえ国がまちがっているときでも支持すべきだと考えているというのは、人々が「国家」には独自の立場や意思決定能力があると見ていることを示している。国家を数百万人の個人や土地の寄せ集めと見ていたら、こんな発想は出てこない。政府は土地や住民やその意思全体を体現する存在である、という認識があってはじめて成り立つ考え方だ。それこそが国民国家の前提である。調査結果は、この前提に賛同する人が増えているだけでなく、彼らが国民国家に対してきわめて忠実で、国家が正しいか否かにかかわらず従う意思を持っていることを示している。

「弱い国」のしぶとさ

もちろん国民国家がすべてそれほど盤石なわけではない。弱い国家というのは、いつの時代にも存在した。そして弱い国家ですら、驚くほどのしぶとさを持っている。近年、準国家や非国家は、国家権力におよそ太刀打《たちう》ちできないことが繰り返し証明されてきた。

これまで世界中で国家だけが軍事力を完全に独占した時代はなく、いまでも脆弱な国家がほかの武装勢力を制圧できない地域は存在する。現在の中東やアフリカの一部は、まさにそんな状況だ。レバノンではテロ組織「ヒズボラ」の軍事力のほうが国軍をしのぐ。コンゴ民主共和国政府が統治能力を発揮できるのは、戦力を集中させた一部の地域にかぎられている。しかしこうした最も脆弱な国家においてすら、抵抗勢力が目指すのはたいてい国家の破壊ではなく、奪還だ。

国家が崩壊している地域について国際社会が懸念するのは当然のことだが、近年統治能力が改善している国家も少なくとも同じ数だけ存在する事実は看過されがちだ。二〇一四年の時点ではイラクもシリアも国家としては完全に崩壊しかかっていたが、多大な犠牲を払ったとはいえ、現在両国の統治力は回復している。コロンビアはここ一〇年、パワーバランスが明確に政府側に傾いたことで、大きな変貌をとげた。アンゴラ、モザンビーク、エチオピアでは、何十年も続いた内戦がいまではすっかり過去の記憶となった。インドとネパールでは長年続いていた毛沢東主義者の抵抗が沈静化している。

全体として見ると、クーデターの発生件数は一九五〇年代なかばの年間約一五件という高水準から、二〇〇〇年以降は年間五件未満に低下した[8]。一方、内戦で命を落とす人の数は、シリアとイエメンの悲惨な軍事衝突によって残念ながら近年増加している。ただ過去の平均を上回るほどではなく、一九八〇年代なかばの年間一〇万人という水準の半分以下だ。第二次世界大戦以降、内戦による犠牲者の数が最低だったのは、二〇〇五年のことだ。[9]

こうした事実から、現代を過去に類をみない世界的混乱と国民国家崩壊の時代と見るのは誤っている。こうした見方が広まっている大きな原因は、難民や故郷を追われた人の数がかつてないほど膨れあがっているためだ。その総数はすでに六五〇〇万人を超え、第二次世界大戦末期をも上回る。これが現在の国際社会における重大な懸念材料であり、最も深刻な課題のひとつであるのはまちがいない。しかし故郷を離れる人の数が増えている理由が、国民国家の弱体化であると考えるのは無理がある。

むしろ三つの、それぞれまったくことなる理由が挙げられる。第一に比較的貧しい国々でも、人々の移動能力が向上していること。第二に難民保護が改善し、国内の暴力から逃れるという困難な判断のリスクが少しだけ減少したこと。第三が政情不安定な国々では人口増加のペースがきわめて速いことだ。暴力にさらされている人々の絶対数が増え、移動能力が増加していることにより、とりわけ難民を受け入れている国々にとって脆弱国家の問題はより切迫したものに思えるようになった。しかしこの問題自体はいまにはじまったことではない。

国民国家の衰退という意識は、どこまでもヨーロッパと北アメリカ特有の現象であり、それはこうした地域に漂う国力低下の認識と密接に結びついている。たとえば経済の急成長によって数千万人が貧困から脱け出し、経済移民が国家の発展に寄与するために帰国しているエチオピアやフィリピンのような国々には、そうした意識はまったくない。中国やロシアのような、インターネット時代が幕を開けたにもかかわらず、国家が依然として情報と大衆の行動をがっちり管理している国々にもそうした意識はない。

国家的アイデンティティを捨てる必要はない

国民国家が以前と変わらない強さを保っているとすれば、それは国際秩序にとってどんな意味を持つのか？　国民国家とグローバリズムのあいだには、巷《ちまた》で言われるほどの緊張関係はない、というのがぼくの考えだ。

グローバリストが国民国家の保護と強化に努めるべき理由はたくさんある。まず大多数の人は自らの帰属する国民国家に愛着を持っている。またアイデンティティはレイヤー（層）構造になっているので、ひとつのレイヤーを強化することは別のレイヤーを弱めることにはならない。強固なグローバル体制は、反グローバリストが好む弱肉強食の世界よりも、国民国家にとってはるかに好ましい。

グローバル国家は、広範な合意があってはじめて成立する。上から押しつけることはできないし、あってはならない。全人類のためにひとつの国家を創る意義があるのは、ナショナリズムには人々を団結させる強い力があることが証明されているからだ。この論理の前提にあるのは、既存の国家的アイデンティティは人々の心に深く根差しており、容易に消し去ることはできないという考えだ。

幸い、消し去る必要などないのだ。初期の共産主義者はカール・マルクスの主張に従い、あらゆる国家的アイデンティティを捨てよ、と呼びかけた。世界のプロレタリアートという普遍的なアイデンティティは、人々を分裂させ、支配するために作られた宗教、国家などの集団的アイデンティティに必ず勝利する、と確信していたのだ。

しかしこの特異なグローバリズムは、大して成功しなかった。一九三〇年代には共産主義者は「ナショナリズムという旗印を再び掲げるようになった[10]」。多様な集団の統一を目指しつつ、さまざまな差異を敢えて消し去ろうとしなかったために、共産主義より大きな成功を収めた例はいくつもある。

ヨーロッパ、アメリカ、そしてインドの例は示唆に富む。ヨーロッパでは数百年前に国民国家が成立したが、それによって国内の地域的アイデンティティが失われることはなかった。二〇一四年に実施されたヨーロッパのアイデンティティにかかわる調査では、対象となった一四の国内地域で、国民国家より地域に「強い親近感」を抱いている人のほうが多かった。スコットランドやスペインのカタルーニャなど分離独立運動の起きている地域だけでなく、フランスのブルターニュやドイツのチューリンゲンといった特段独立意欲の強くない地域でも、地域的アイデンティティのほうが国家的アイデンティティよりはるかに強かった。

とりわけフランスでは、地域的アイデンティティが強いことは、フランス国家そのものの拒絶にはまったく結びついていなかった。ほとんどの人はアイデンティティのレイヤーを複数持っていることに何ら問題を感じてはいなかった。「地域と国家のアイデンティティのどちらが主か」という問いに対し、圧倒的に多かった回答は「どちらも半々である」というものだった[11]。

その後ヨーロッパでは、国民国家の上にさらに大規模な政治体制とアイデンティティを構築する試みが進んできた。長期的にヨーロッパ統合がどれほどの成功を収めるかは、まだわからない。これほど大がかりな取り組みが、一朝一夕には実現しないことははっきりしている。

しかしヨーロッパ統合がこれほど紆余曲折と予測不能性に満ちているのは、統合に加わる国民国家の合意に基づいて進められているからにほかならない。各国が進んで統合に参加するのは、それによって国益を守り、増大させられると思うからであり、自分たちがお役御免になるのを期待しているわけではない。最終的な統合がどんなかたちになろうと、各国固有の政治文化やアイデンティティは常に残るだろう。ドイツ人はイタリア人とはことなり、またポーランド人はギリシャ人とは違うのだ。

アメリカとインド

一方アメリカとインドはともに、きわめて多様で大陸全体にまたがる広大な国家のあり方を示している。どちらの歩みも、およそ非の打ちどころのないものではなかった。草創期の国家が犯しがちな過ちも犯した。アメリカは市民の平等、自由、民主主義を標榜していたが、初期の指導者はその対象となるのはヨーロッパ人だけだと考えており、それはアメリカ先住民やアフリカ系住民への仕打ちによく表れている。

インドではイギリスからの独立を主張したナショナリストが、イスラム教徒が多数派である地域を、団結することが全員の利益であると説得できなかった。その結果、こうした地域は分離独立した。国境の両側で民族浄化が起こり、一〇〇万人が犠牲になったと言われる。しかも問題はまだ解決したわけではない。

どちらの国でも近年は、たったひとつの民族の代表としてふるまい、国民を分断するようなポピュリストが政権を握ったことで、コミュニティ間の緊張が高まっている。

しかしインドとアメリカは、国民すべてを包含する国家的紐帯を育むなかで、多様な政治文化やアイデンティティも大切に守れることを実証してきた。

アメリカ統一

アメリカ合衆国が誕生するとき、各邦（のちの「州」）は主権を持つ統治単位として自らの意志でそこに加わり、連邦政府と主権を分かち合うことに合意した。それから二五〇年経ったいまも、州民は自分の州に対して強い愛着と忠誠心を抱き、民主的に選ばれた州政府が重要な政府機能を担っている。

ＥＵと同じように、アメリカも時間とともに変化してきた。建国当初のアメリカは今日のＥＵと同じような連合国家にすぎなかった。各選挙区から選出された議員が州から独立した立場で行動する現在とはことなり、「連合規約」によって発足した最初の連合会議では、各邦がひとつのブロックとして投票した。すべての意思決定は一三邦のうち九邦の承認を必要とし、重要な政策変更には全会一致が求められていた。しかも財政・金融政策は一三邦で統一されておらず、そうした状況が数十年も続いた。一七七六年の独立宣言では「国家」という言葉は一回だけしか使われておらず、しかもそれはイギリスを指していた。

翌七七年に制定された連合規約でも「国家」は一度だけ使われていたが、それはアメリカ先住民の集団を指していた。一七八八年の合衆国憲法でも二回だけ、外国に言及するときに使われた。

ただ一九世紀末には状況は大きく前進していた。連邦政府の機関が充実したのに加えて、国家という意識も強まった。一八九二年に起草された「忠誠の誓い」は、誇らしげにアメリカは「分割すべからざる一国家」とうたっている。[12]

インド統一

インド統一はさらに壮大な野望だった。

現在のインドの人口は一三億人。これは一八六〇年(それほど大昔でもない)の世界人口に匹敵する。[13]アメリカとことなり、インドの人々の多くは何百年、あるいは何千年も同じ地域に住み続けており、確固たるコミュニティを築いていた。言語、宗教、習慣はそれこそ多種多様だった。ほんの一〇〇年前には単一のインド国家の設立など実現不可能な夢と思われた。一八八八年、インドで人生の大半を過ごしたイギリスの高級官僚ジョン・ストレイチーはこう書いている。

「インドについてまず知っておくべき最も重要なことは、そこにはまとまりというものが一切なく、いまだかつて存在したことすらなかったという事実だ。物理的、政治的、社会的、あるいは宗教的統一性は一切ない。インド国家も『インド国民』なるものも存在しない。(中略)そうした統一的紐帯によって、インドが単一国家に発展していくなどとはゆめゆめ考えてはならない[14]」

しかしイスラム教徒の分離独立という苦難はあったものの、インドの大部分はイスラム教徒のコミュニティも含めたさまざまな集団を取り込み、統一された。

分離独立以来、コミュニティ間の衝突は繰り返されており、またヒンドゥー至上主義政党であるインド人民党が政権を握ったことで、その懸念は一段と高まっている。それでも一九五〇年代以降、多くのコミュニティが平和的に共存してきたことは快挙だ。インドという国家の成立からわずか七〇年しか経っていない。歴史的にはイスラム教徒とヒンドゥー教徒が結婚するどころか、ともに食卓を囲むことすら許されなかった。片方の歴史的英雄はもう一方の大悪党であり、分離独立によってインド国境ぞいにはヒンドゥー教徒を敵視し、いつ敵方に寝返ってもおかしくないイスラム教徒の州が多数存在する。

それに加えてインド国民のうち七〇〇〇万人は、北東部のヒマラヤ山脈地域や山の多い中央部などの僻地《へきち》に住んでおり、経済発展が遅れている。北部のインド・ヨーロッパ語族系のさまざまな言語と、南部のドラヴィア語系の言語という言語的違いも大きい。人口の二〇％を占めるイスラム教徒に加えて、仏教徒、パールシー教徒、ジャイナ教徒、キリスト教徒、シク教徒など、宗教的マイノリティも多い。さらにカースト制度によって圧倒的な社会経済的格差が文化に深く埋め込まれており、世界有数の富豪もいる一方で、数億人が絶対的貧困下で暮らしている。それにもかかわらず、インドは一体感と成長力のある国家となった。ＩＳＳＰの調査では、インド国民の三分の二が国家に「強い親近感」を抱いている。

インドの国家的アイデンティティも、既存のコミュニティがそれぞれ持っていたアイデンティティを消し去ろうとするのではなく、むしろ強化し、保護することで形成されてきた。

それはインドの州境の変化からもうかがえる。州境はインド独立以来、インド国民のコミュニティへの帰属意識に沿うように劇的に変更されてきた。独立時には大英帝国の領土分割をそのまま受け入れていたが、それは征服と政治的取り決めという歴史の偶然によって生まれたものだった。インドの州境再編は、一九九〇年以降に中東欧地域の地図を大きく描きかえることになった民族自決のうねりと非常に似通っている。

過去一〇〇年の国民国家の再編が「国家レベルの民族自決」（民族自決はアメリカ大統領のウッドロー・ウィルソンがポスト帝国主義の世界を再編する原則としてはじめて打ち出した）の原則に基づくものだとするなら、インドの州境再編は「州レベルの民族自決」の結果といえる。ひとつ例を挙げれば、テルグ語族の指導者ポティ・スリーラムルのハンガーストライキによる死など幾度かにわたる激しい独立運動を受けて、中央政府は一九五六年にテルグ語族の州として新たにアンドラプラデシ州を承認した。かつてマドラス州、ハイデラバード州だった地域からテルグ語を話す人々の居住地域を分離し、合体させたのだ。こうした国民の要求に基づく州の再編は、一九五〇年代から現在まで続いている。

インドで州レベルの民族自決運動が続いているという事実を踏まえると、今日のナショナリズム運動の重要性をあらためて認識する必要がある。国際政治の専門家のあいだでは、ナショナリズム運動の継続や台頭は、本質的にグローバリズムに反するものであり、国際協調を阻害するというのが常識となっている。しかしインドの近代史は、それが必ずしも正しくないことを示している。地方自治と独立への要求は、地域差を超越する共通のアイデンティティの醸成とまちがいなく両立可能なのだ。

グローバル体制が強化すべき4分野

ここまで見てきた例はいずれも参考にはなるものの、グローバル国家建設のモデルにはならない。EU、アメリカ、インドは確かに規模が大きく多様ではあるものの、今日の世界の複雑さはまた次元が違う。いまのところアメリカやインドの例にならい、グローバルな連邦政府を創ろうとする意欲はなく、またその必要性もない。

ぼくがグローバルな政治体制に必要だと考える改革は第7章で詳しく述べるが、グローバル体制が強化すべき分野はわずか四つだ。①税務面での協調、②合意した気候変動対策の着実な実行、③難民の定住先の評価と配分（ここまでは違反国に対して経済制裁を科す）、そして④武力行使がどうしても必要になった場合の、広範な合意に基づく意思決定プロセスの構築である。いずれの改革も、国民国家を身勝手なプレーヤーから保護し、強化するためのものだ。

こうした変化は短期間のうちに実現できるものではない。取り組みを進めるあいだに、グローバリストが注意すべき点がある。多くの国民国家が有する最も大切な制度、すなわち民主主義を弱体化させないことだ。社会のエリート層は不相応に大きな影響力を持つようになっており、重要な問題をめぐって一般大衆とエリートの意見が対立した場合、民主主義が機能しなくなっている。

極端な例がタイだ。二〇〇一年から〇六年にかけてのタクシン・チナワット政権時代には、軍部や経済界、政界のエリート層が、一般有権者に受けの良いタクシン首相の政策を「けしからん」と判断した。この国民の意思に対するエリート層の抵抗は、その後複数回にわたる軍事クーデターにつながり、本書執筆時点では長期間にわたって適切な民主的プロセスが停止しているように見受けられる。エジプトではじまった民主主義の実験も、二〇一三年には同じ理由で短命に終わった。エスタブリッシュメント層が合法的選挙で選ばれたムスリム同胞団による政府を受け入れなかったためだ。

民主主義がしっかりと根づいた国ではこれほど手に負えない状況に陥るリスクは低いが、国民の意思がそれとなくないがしろにされるという問題は残っている。グローバリストは、反グローバリズムを標榜するポピュリストが民主主義に及ぼす悪影響をよく口にするが、自らも同じように非民主的な行動をとることもある。

ＥＵでのリスボン条約の公布はその最たる例だ。二〇〇五年にフランスとオランダの国民投票で欧州憲法条約の批准が否決されたことを受けて、起草された。ただリスボン条約には断念された欧州憲法条約とほぼ同じ条項が盛り込まれていたものの、各国政府は国民の意思を問おうとはしなかった。唯一アイルランドだけが二〇〇八年に国民投票を実施したところ（憲法上、必須だったため）、そこでも「ノー」という結果が出た。しかしアイルランドでは一年後に再び国民投票が実施され、最終的に汎ヨーロッパ主義者の望みどおり承認された。ヨーロッパの他の国々の政府は、有権者の承認を得ることなく批准に踏み切った。

この事実をもって、民主主義の終わりと言うつもりはない。あらゆる意思決定を国民投票にかけることが民主主義の条件ではないからだ。しかしオランダ、フランス、アイルランドの有権者が（実質的に）明確に拒絶の意思を示した条約が結局批准されたという事実は、多くの人にとって国際的統合を目指し、国民の意思を無視するエリート層による陰謀のように映った。

これは例外的ケースとはいえない。むしろ過去一〇年にわたって続いてきた、民主主義国家の減少、弱体化という気がかりな世界的現象の一例にすぎない。二〇一八年一月、英

『エコノミスト』誌の調査部門であるエコノミスト・インテリジェンス・ユニットが民主主義指数を発表したが、そこでは評価対象となった一六七カ国中八九カ国で、前年と比べて民主主義の健全性を示す総合スコアが低下していた[15]。

グローバリストにできること

誤解してほしくないのだが、ぼくは現在民主制をとっていない国に民主主義を導入すべきだと言うつもりはない。どんな政治制度を採用するか、決める権利は国民国家の主権の一部だ。

ただ民主主義を標榜する国家において、グローバリストがそれを損なわないようにすることはきわめて重要だ。それは道徳的に誤っているだけでなく、多くの国でグローバリストに対する反発が起きていることからわかるように、必ず失敗する。汎ヨーロッパ主義者はリスボン条約が成立したとき、それをすばらしい勝利と見なしたが、イギリス、イタリアなど各国の有権者が無理やり押しつけられたリスボン条約からの撤退を訴える政権を選ぶなど、その勝利はすでに色あせている。それはヨーロッパと北アメリカにおいて、政治支配階級に対する信頼を長期にわたって損なうことになった。

国民国家を保護しつつグローバリズムを追求するには、グローバリストはこれまでよりはるかに慎重に民主主義を守っていく必要がある。国民の合意がグローバリストの主張に反するとしても、それを受け入れなければならない。

それが最も重要な分野が、次章のテーマである移民問題だ。

第5章 移民の自由化にはこだわらない
――第4の原則

「南蛮人の子孫は一切在留を禁ずる。背《そむ》いた者は死罪、一族郎党罪状の重さに応じて罰する」

――徳川将軍家光の鎖国に関する布告（一六三五年）[1]

グローバル国家の実現は、近年国民国家が大切にしてきたある権限と矛盾する。誰が、どんな条件で入国できるかをコントロールする権限だ。政治体制は違っても、今日すべての国家は、国民には領土内を自由に移動できる権利があると考えている。これは国民はみな法の下に平等である、ひとつの家族である、信頼の絆で結ばれているという国民国家特有の神話を映している。だからこそナショナリズムの発展によって、国内の移動を規制する障害が取り除かれていったわけで、一八六〇年代のロシアの農奴制廃止はその一例だ。[2]

そうだとするならば、真のグローバル国家とは「移動が自由な世界」を意味するはずだ。ナショナリズムが定着してから長らく、国家間の移動は自由というのが当たり前だった。[3]しかし今日、ナショナリストを自認する人の多くはそれに強く反対している。

グローバリストは再び国境の開放を呼びかけるべきだろうか？

ぼくは世界的な移動の自由は目標として好ましく、最終的には必要なことではあるが、いますぐ実施すべきではない、と考えている。世界がもっと文化的、経済的に集約してはじめて、移動自由化は多大なコストを生じさせることなく恩恵をもたらすはずだ。

グローバリストはたとえ自らの長期的目標に反しても、国民国家の民主的な民族自決の権利を尊重しなければならない。そこには入国できるのは誰かを決定する権利も含まれている。グローバリストは誰もが自由に移動できる世界の魅力を訴えつつ、当面は留学生や難民に対して門戸が開かれているようにすることだけに集中すべきだ。国民国家を維持することが、広範囲におよぶ政治統合を諦めることを意味しないのと同じように、入国をコントロールすることはグローバル・アイデンティティの形成を妨げるものではない。

国境開放によって78兆ドル豊かになる？

豊かな国のグローバリストは、たいてい移民問題にきわめて寛容だ。入国管理の必要性は認めつつ、自分の住む地域や国全体の多様性が高まるのもまた好ましいことだと思っている。ヨーロッパやアメリカは南側の国境のパトロールを全廃すべきだ、とまでは主張しないものの、国境警備の厳格化や国外亡命処理センターの開設など、不法移民対策を強化することには反対する。そして新たな不法移民を増やすリスクがあっても、滞在許可証を持たない移民を合法化する政策を支持する。

豊かな国のグローバリストがこうした立場をとるのは、移民を全体として好ましい現象ととらえているからだ。移民にはそれぞれ希望する場所で幸せを追求する権利があり、多大な犠牲を払って移住してくる人々は熱心に働くので、受け入れ国側にもメリットがあるというのだ。

それほど豊かではない国のグローバリストの多くも、同じように移民に肯定的だが、その視点はややことなる。移民にリベラルな姿勢の恩恵を最も享受するのは自分たちだからだ。グローバル・アイデンティティと表裏一体のものとして、一時的あるいは恒久的に別の国に渡ってみたいという願望を抱いている者もいる。自分が移住する意思はなくても、自分や同胞たちが締め出されている国々に世界の富の大部分が囲い込まれているという状況は愉快ではないだろう。

世界中で完全な移動の自由を認めるべきだと主張する人々もいる。その典型がブライアン・キャプランとヴィプル・ナイクで、「急進的国境開放論」と題した二〇一四年の論文では、グローバルな移動の自由は経済的にも道徳的にも必須だと主張。現在の入国管理制度は「現状維持バイアスと道徳的無気力によって打ち立てられた恣意的境界に基づく、重大な自由の侵害だ」としている。[4]

こうしたグローバリストにとって都合の良いことに、移動の自由は正しいだけでなく、実利があるという説がある。キャプランとナイクの経済分析は、マイケル・クレメンスの二〇一一年の論文「経済学と移動」[5]に基づいている。この論文によると、移動の自由は世界GDPを五〇～一五〇％押し上げる可能性が高いという。この主張は英『エコノミスト』誌にも取り上げられ、二〇一七年七月に「移動自由化で世界は七八兆ドル豊かになる」という記事になっている。

こうした論文や記事の執筆者は、移動の自由化によって勝者と敗者が生じる可能性を認めつつ、全体としてのメリットが非常に大きいため、マイナスの影響を被った人々の損失も最終的には再配分によって相殺《そうさい》されると主張する。

そう言われると、非常に魅力的な提案のようだ。国境を開放すれば、誰もがより自由に、そして豊かになる、と。

「移民への反感」は先進国だけのものか

だがこうした主張は、万人にとって説得力があるわけではない。むしろ移民抑制論ほど先進国の民族国家主義者をひとつにした論点はないほどだ。

ドナルド・トランプの支持者には経済的には左派も右派もおり、外交的にはタカ派も孤立主義者も含まれている。しかしアメリカへの移民を減らすべきだという一点については全員が一致している。

イギリスのEU離脱支持者には、あらゆる政治的立場の人が含まれている。その多くが自由貿易を支持し、アメリカのトランプ政権が仕掛けた貿易戦争には眉をひそめるものの、「国境管理（移民流入の抑制）」は全員が要求している。

フランスの「国民連合」、イタリアの「同盟」、ドイツの「ドイツのための選択肢」、フィンランドの「真のフィンランド人」、ハンガリーの「フィデス・ハンガリー市民同盟」などの政策にはそれぞれ一致点も相違点もあるが、移民反対については完全に一致している。

これほど移民に反対する原動力は何か。グローバリストと同じように民族主義的ナショナリストも、自分たちの主張は経済的にも道徳的にも理にかなっていると主張する。低賃金で働こうとする移民に職を奪われて労働者の収入は減る、新たな住民の増加によって住宅価格は上がる、そして医療も学校も道路も容量オーバーで破綻《はたん》しかけている、と。

しかし何より彼らに共通するのは、自分たちの国や文化が好ましくない方向に変化しており、存在そのものを脅かされているという感情だ。

ジャーナリストのデビッド・グッドハートはブレグジットと移民問題への反発を説明する際、二〇一一年の調査でイギリス人の六〇％が以下の文に同意した事実を挙げた。

「近年のイギリスは以前とは似ても似つかない国に変わってしまった。まるで外国のようで、居心地の悪さを感じることもある」[6]

ダグラス・マレーは反移民勢力の主張を代弁する著書『西洋の自死：移民・アイデンティティ・イスラム』で、こうした空気を説得力をもって描き出している。その冒頭の文章には反移民派の恐れが集約されている。

「ヨーロッパは自死をとげつつある」

フィクションの分野でヨーロッパの文化的死をテーマにした作品として有名なのは、ミシェル・ウエルベックの二〇一五年の小説『服従』で、そこにはイスラム国家に変貌するフランスが描かれている。

こうした政治勢力が先進国に集中していることから、反移民感情は先進国にかぎられたもののようにも思える。しかしそれは近年、大規模な移民流入が起きているのがおもに先進国だからにすぎない。

アメリカとイギリスではともに、外国で生まれた人の割合が国民全体の一五％近くを占める。一九七〇年にはその割合はアメリカで五％以下、イギリスでは六％に満たなかった。アメリカの場合は一世紀前のヨーロッパからの移住がピークだった時期に戻ったといえるが、イギリスでこれほど移民の割合が高まったのは過去に例がない。

一方、フランスとドイツの外国生まれの人口の割合はここ一〇年ほど一二％前後で推移していたが、ドイツでは最近の難民急増で一五％に跳ね上がった[7]。

貧しい国から豊かな国への移民の流入はたいてい自然なこと、いわばグローバル化の必然的結果だと説明されるため、こうした動きに不満を持つ人々は反グローバリズムの立場をとるようになる。

しかし移民への本能的反感は、先進国の民族・国家主義的ポピュリストにかぎられたものではない。イスラム政治勢力（「イスラム国」など）というもうひとつの反グローバリズム勢力の原動力も、外部からの影響によって脅かされている文化的アイデンティティを守ろうとする欲求だ。イスラム諸国への大量の移民流入が起これば、先進国のポピュリストと同じようにイスラム政治勢力がそれを団結の旗印にするのは容易に想像できる。

言うまでもなく、そうした懸念が現実化した地域がある。イスラエル（パレスチナ）へのユダヤ人の移住と、それが引き起こした人口動態的、文化的、政治的変化は、イスラム・コミュニティにとって移民が引き起こす脅威を示す象徴的エピソードとなった。

同じことは他の多くの地域でも起こりうる。たとえばインドは移民受け入れに対してリベラルな姿勢をとることが多いが、実質的に数十年来国境を閉ざしているパキスタンからの移民はこころよく思わないだろう。パキスタンからインドへ大量の移民が流入するようなことがあれば、そしてその原因がグローバル化だという認識が広まれば、インド政府も国民も断固として反グローバリズムの姿勢に転じるだろう。

このように他国から大量の移民を受け入れることへのマイナス感情は、実際にはとても一般的なものだ。ある文化的コミュニティから大量に人が移動してくることが、別のコミュニティにとって脅威になるという発想は、人類はみな共通の国家に帰属するという発想の対極にある。

ニワトリが先か、卵が先か

いまはまだグローバル国家という意識が、誰もが自由な移動を当然のものとして受け入れるほどには成熟していないことは明らかだ。では、どちらが先に来るべきなのだろうか。

自由な移動という「ニワトリ」か、それともグローバル・アイデンティティという「卵」か。遅かれ早かれグローバル・アイデンティティが強まり、恐怖心が克服されることを期待して、世界中の人々に移動の自由を強制的に受け入れさせるべきだろうか？

グローバリストの多くは、移民反対派が不安を捨て去り、移民による人口動態の変化を有害ではなく、むしろ有益なものとして受け入れることを期待している。グローバリストの立場からすれば、移民が地域の文化やアイデンティティを脅かすという主張は偏狭で、人種差別的でさえある。誰もが寛容なグローバル文化の一員であるべきなのに、なぜ他者を排除しようとするのか、と。

しかし、こんな尊大な態度では問題は解決しない。グローバリズムに反対する人々の不安は、期待や説教で解消できるものではない。むしろグローバリストのほうが彼らの懸念を理解する必要がある。

国境を開放することが道徳的に正しいかは、じっくり分析するとそれほど自明ではない。デビッド・ミラーとクワメ・アンソニー・アッピアは、コスモポリタンの世界観（他者を分け隔てなく受け入れ、全人類に対する互恵的責務を引き受ける）は、必ずしも万人に対して同等の義務を負うことを意味するわけではないという見解を、説得力をもって示している。コスモポリタンの世界においても、家族や地域コミュニティ、利益集団などの絆を破壊することは誰も望まない。こうした集団はそのメンバーだけでなく、それ以外の人々にも恩恵をもたらす。つまり世界がうまく機能するのに欠かせない存在なのだ。

こうした集団ではメンバーが互いに特別な義務を負うことが前提になっているが、その義務を全人類に対して同じように果たすことは期待されていない。

地域社会はお互いの家で犯罪が起こらないか目を光らせており、それが地域の犯罪率を抑えるのに役立っている。しかし世界中のあらゆる家の安全に目を光らせるわけにはいかない。子供に住む家や衣類を与えることは親の義務であり、それによって社会全体が恩恵を受けるが、よその家の子供にも同じように家や衣類を与えることは期待されていない。

すべての大人がすべての子供に同じ義務を負うべきだという考えは、家族という制度そのものを否定することにつながる。親が自分の子供を特別扱いすることの道徳的是非を判断するには、すべての子供を平等に扱うことによる「メリット」と、家族という制度がもたらすあらゆる恩恵を失うことの「デメリット」を勘案する必要がある。

同じ論理が国民国家と移民問題についても当てはまる。実際の影響がわからない状況では、国民国家を形成し、領土に入る人を管理する制度が正しいか否かを確定的に判断することはできない。ある個人の入国を認めなければ、その人が確実に悲惨な目に遭ったり命を落としたりするのであれば、入国を認めることが絶対的な道徳的義務だと主張できる。

それが難民の亡命が国際的に認められている根拠だ（完全に実施されているとはいえないが）。しかしそうした状況以外では、道徳的是非ははっきりしない。

もし移民を無制限に認めることが本当に万人に恩恵をもたらす、あるいは少なくとも多くの人に恩恵をもたらす一方で誰にも悪影響を及ぼさないのであれば、あらゆる入国制限は理不尽な差別に思える。その場合、反移民勢力は無知と頑迷さの産物ということになる。

だがもし移動の自由化によって国民国家の基本構造がゆらいだり、国民国家が国民にもたらす恩恵が失われたりするのであれば、それを移動の自由化がもたらす恩恵と徹底的に比較しなければならない。後者の場合、国民国家が移民を制限して自らの存在を守ろうとするのは理にかなっている。

国境開放でアメリカの人口は60％以上増える

では移動を自由化すると、国民国家にはどんな影響が出るのか。

まず、比較的貧しい国から比較的豊かな国への移民は膨大な数になるだろう。移動の自由を主張する人の多くは、ギャラップ社による意識調査を参考にしている。一五六カ国を対象とするこの調査では過去一〇年一貫して、世界人口の一三～一四％は現在の居住国から他国に恒久的に移住することを望んでいるという結果が示されている。それは短期間のうちに七億人近い移民が発生することを意味する。[8]

キャプランとナイクの研究では、アメリカの人口は六〇％増え、オーストラリアの人口は二倍以上になると指摘されている。ハイチのような貧困国は国民の大半を失う。最貧国からの移民が豊かな国の都市部に落ち着けば、母国にいたときよりは豊かになるが、新たな居住地の平均的な暮らしぶりにははるかに及ばない。キャプランとナイクはその社会的影響をこう予測する。

> 労働集約型の職業に就《つ》く人が増え、先進国は時代をさかのぼったような雰囲気になる。貧民街が形成される可能性がある。元の住民のなかには移民が新たな言語を学び、仕事を見つけ、新たな社会に適応するのを助けようとする人もいるだろう。一方、新たな住民に不満を抱き、移民がごくわずかだった古き良き時代を懐かしむ人もいるだろう。だがやがて元の住民のほとんどは第三世界のミドルクラスと同じように、貧困と格差の存在に慣れてしまうだろう。[9]

ニューヨークやシドニーの多くの住民にとってこんな未来はおよそ受け入れがたく、断固として移動自由化に反対するだろう。

しかし未来が本当にここに描かれたようなものなら、そんなに悪くはないのではないか？　世界のＧＤＰが二倍になる一方、先進国の悩みといえば目の前に貧困の風景が広がっていることと多少の懐古の情ぐらいなら、莫大な経済的恩恵で十分損失の埋め合わせはできる。

経済学者のポール・コリアーが移民増加の影響を入念に分析した著書『エクソダス：移民は世界をどう変えつつあるか』では、もっと不吉な見通しが示されている。

コリアーは移民を希望する人の数は、意識調査の結果のように固定的ではなく、変化すると主張する。おもな要因は母国と移住先の賃金格差、そして移住先における母国出身者の居住区の大きさだ。こうした要因が組み合わさり、豊かな国に移住したいという需要は指数関数的に増加するという。つまり移民の数が増えれば居住区は大きくなり、周辺地域と同化するのに時間がかかる。それがさらに移民の数を増やし、居住区は大きくなっていくというわけだ。

この論理に従えば、現在移住を希望している世界人口の一四％は、ほんのはじまりにすぎない。アメリカでは人口が六〇％増えて終わりではなく、何か劇的にことなる要因によって事態が変わるまで、移民はひたすら増え続ける。その劇的にことなる要因とは、パニックによる急激な移民対策かもしれない。あるいは国家や社会の崩壊かもしれない。

移民は莫大な経済的恩恵をもたらすと予測する経済モデルは、移民が増加しても政治や経済はそれまでどおり機能することを前提としている。貧しい国から豊かな国への移民がもたらす影響のうち圧倒的に大きいのは、移民自身の収入が大幅に増えることだ。それは他の人々が被る弊害を埋め合わせてあまりある。少なくとも理論上は、移民の得た利益を他の人々に再分配することで、全員が恩恵にあずかれることになる[10]。

しかし現在、出生国以外で生活している人の総数は二億二〇〇〇万人にすぎない。移民はほとんどの国において、圧倒的なマイノリティなのだ。それが突然、七億人に増えたら何が起こるか。あるいはコリアーの予測どおり、移民が果てしなく増え続けたら、どうなるのか。これほど移民が増えても現在の政治や経済システムは何も影響を受けず、ただ生産的な労働者が増えるだけだ、と想定するのは果たして合理的だろうか？

移民はコミュニティの幸福度を下げる

正直なところ、その答えはまったくわからない。しかし移民の社会的影響に関するさまざまな研究は、移民が享受する経済的恩恵以外にも検討すべき要素があることを示している。

政治科学者のロバート・パトナムの画期的研究は、移民の社会的コストを明らかにしている（パトナム自身は移民や多様性の支持者だ[11]）。アメリカ各地のコミュニティを調査したところ、移民の数が多いほど「社会資本」の水準が低かった。社会資本とはパトナムの定義によると「社会的ネットワークと、それに関連する互恵性と信頼性の規範」だ。わかりやすく言うと、移民の割合が多いコミュニティの住民は、自分と同じ民族の人も含めて、他人を信頼する気持ちが乏しい。地域政府、指導者、ニュース報道もあまり信用していない。自分たちには物事を変える能力は乏しいと感じており、有権者登録もしない傾向が高い。人からの手助けをあまり期待せず、慈善事業に時間やお金を出さない。友人や腹を割って話せる相手は少ない。おまけに幸福度や生活の質は低く、テレビを観て過ごす時間が長い。

移民という要素だけで、これほど多くの影響を説明できるのか、と疑問を持つ人もいるだろう。しかしパトナムの研究ではアメリカの幅広いコミュニティから膨大なサンプルを集めていたため、富や所得格差など社会資本の低さの真の原因となっている可能性がある変数をすべてコントロールすることができた。しかしどんな回帰分析をしても、結果は変わらなかった。コミュニティ全体の幸福度を下げ、絆を弱めていたのは移民の存在だったのだ。

パトナムは自らの発見したマイナスの影響は、時間とともに薄れていくと主張する。また異質性についての認識が変われば、こうした影響がやわらぐことを具体的事例で示している。たとえばアメリカの白人は自分たちを単一の民族と考えているが、かつては白人のなかでもカトリック教徒はプロテスタントを文化的に違う集団と認識しており、コミュニティに有害な、異質な存在と見ていた。同じようにアメリカ陸軍では歴史的に白人とアフリカ系アメリカ人の兵士のあいだに不信感が存在していたが、ここ五〇年で共通のアイデンティティを形成することで、それを克服することができた。

しかし新たな集団のアイデンティティがうまく形成されなければ、パトナムが指摘した悪影響はいつまでも残る可能性が高い。

衝撃的なのは、白人アメリカ人とアフリカ系アメリカ人のあいだでは、かつてほど目立たないが、依然として異質性によるマイナスの影響が続いていることだ。いずれも最近アメリカに移ってきた集団ではない。

もちろん白人とアフリカ系のアメリカ人のあいだには非常に困難な歴史があり、すべての人種的、文化的異質性について同じことがいえるわけではない。しかし同じ国にことなる集団が定住して数百年経っても、異質性の社会的影響は解消しないケースもあることを示す例といえる。ヨーロッパのイスラム教徒とキリスト教徒の緊張関係を考えると、互いに対する「異質」という見方は今後も数百年にわたって変わらず、社会的コストを生み出し続けるのではないだろうか。

結局のところ……

パトナムの研究成果はその後、世界中のさまざまな社会環境で行われた研究でも裏づけられてきた。そこからはグローバリストの唱える移動自由化の問題点がふたつ浮かび上がる。

第一に、パトナムの研究からは、移民から生じるマイナスの社会的影響は、教育水準と所得水準が高いほど低下することが明らかになっている。豊かで高い教育を受けた人は社会資本に余裕があるため、異質性を抱えた分断された社会でも孤立や絶望感を感じずにいられるのかもしれない。つまり豊かで高い教育を受けたグローバリストだけに「真実が見えている」から、移民を受け入れるメリットを他の人々に教えてやるべきだ、という考えそのものがまちがっている可能性がある。実際には移民に反対する多数派は、グローバリストとは違う社会的現実を生きており、グローバリストの目には見えない社会的コストを負っているのかもしれない。

第二に、パトナムが明らかにした社会資本の減退からは、次のような疑問が湧いてくる——社会資本の減退が続いたら、どうなるのか？　移民が世界に恩恵をもたらすのは、さまざまな社会制度が整っている国へと移動するためだ。社会制度が機能するためには、土台となる社会が信頼に基づき、うまく機能している必要がある。

無制限な人の移動が社会の信頼感にどんな影響を及ぼすか、見きわめるのは不可能だ。パトナムが明らかにした社会資本の減退には、限度があるのかもしれない。つまり異質性が一定の水準に達すると、さらに移民が増えても変化はないのかもしれない。イギリスのＥＵ離脱を問う国民投票で、移民に対する反感（ＥＵ離脱に賛成した人の割合で評価）が最も強かったのは、移民の割合が急激に高まってはいるものの、全体としては低めのコミュニティであったのに対し、移民の割合がきわめて高いコミュニティでは反感がそれほど強くなかったのは、このためかもしれない。

もしかすると社会は、異質性がもたらす社会的コストによって緊張状態に置かれても、多様性のもたらす強さや、有意義な新たな視点を手に入れるのかもしれない。確立された文化に移民が独自の期待や行動を持ち込むことで、ことなる「生き方」が刺激しあい、既存のシステムが良いものになっていくことも考えられる。労働環境に関する研究では、文化的多様性の大きいチームのほうが、同質的なチームよりも創造的であることが明らかになっている[12]。

こうしたことを総合的に考えると、世界の移動を自由化すれば、長期的には好ましい結果が得られるかもしれない。ことなる文化が交わりあい、最終的にはあらゆる人にとって以前よりも好ましい共通の基盤ができあがるかもしれない。魅力的な未来像だし、実際そのとおりになるかもしれない。

しかし必ずそうなるという、確たる証拠はひとつもない。ぼくにあるのは世界の歴史を振り返るとそんな気がする、という予感だけだ。歴史が示してくれるのは、移動の自由化によって解き放たれる新たな力が、現代の世界にどんな影響を及ぼすかという不完全なモデルでしかない。

テキサスはもともとメキシコ領だった

それほど歴史をさかのぼらなくても、膨大な移民が押し寄せた結果、政治的地図が描きかえられ、先住民が不利益を被った例はいくつも見つかる。最たる例はヨーロッパからアメリカ大陸、オーストラリア大陸への大量の移住だが、同じような例は枚挙にいとまがない。移民が移り住んだ先の社会規範や制度に適応することを選び、規範や制度が維持されたとしても、特定の地域に移民が集中することで政策や政治指導者、あるいは政治的アイデンティティさえも変える力を持つこともあるだろう。

大勢のキューバ人がフロリダに流入し、有権者の過半数を占めるようになったらどうだろう。その力をテコにフロリダをアメリカ合衆国から独立させ、「新キューバ」という国民国家を設立したらどうか?

想像もできないようなことだろうか？　しかし、そもそもテキサスがアメリカの一部になったのは、同じような経緯からだ。テキサスはかつて住人もまばらなメキシコ領だったが、一八二二年、アメリカからの移民を積極的に受け入れはじめた。定住者による農業コミュニティをつくり、先住民族コマンチ族からの攻撃に対する砦とする狙いがあった。だがこの戦略はうまくいきすぎた。一八三四年にはアメリカからの移民がテキサスの人口のほぼ八〇％を占めるまでになった。翌年にはメキシコ政府を暴力的手段で排除しはじめ、一八三六年には独立を勝ち取った。その九年後、独立国家テキサスは合衆国に二八番目の州として加盟した。

この広大な領土はメキシコから分離し、政治体制が変わっただけでなく、社会規範や社会制度も変化した。メキシコ領だったころのテキサスでは奴隷制は違法だったが、アメリカ合衆国に加わることで奴隷の所有が認められるようになった。

これが遠い昔の話だと言うのなら、現在世界中の大都市を脅かすテロを考えてみよう。野放図な移民政策は国民国家の破壊をもくろむ人々を国内に招き入れるという反移民勢力の主張を支える有力な根拠となっている。国民国家やその土台となる社会を破壊したいと本気で願っているテロリストが存在するのは明らかだ。

ぼくも多くの人と同じように、そうした試みは絶対に成功しないと信じており、テロの根本的解決策は、国際協調の改善、分別のある軍事介入、経済成長を組み合わせることだと考えている。

しかし、それはたんなる期待にすぎない。テロリズムは厳然たる事実であり、無差別に罪のない人々の命を奪っている。こうした現状が多くの市民の反移民感情を高めるのは当然だし、テロ組織の拠点となっている地域なら、なおさらだ。

二一世紀における移動自由化が長期的にどんな結果をもたらすか、予測するのは不可能だが、それが重大なものであるのはまちがいない。キャプランとナイクはそうしたリスクは「キーホール（鍵穴）・ソリューション」によって対応できると主張する。移民の政治的影響を懸念するのなら、彼らに選挙権を認めなければいい、と。

だがそれは鍵穴というより、巨大なハンマーのように思える。大多数の住民が選挙権を持っていない地域があるというのは、国家にとって道徳的に好ましい状態ではない。それはすでに国家にとって、文化の大切な部分を犠牲にする行為だ。巨大ハンマーは何の役にも立たないかもしれない。それによってテロのリスクを抑えることはできないし、移民が最終的に実権を握ることも阻止できないかもしれない。メキシコは手を尽くしてテキサスの分離をはばもうとしたが、うまくいかなかった。ひとたび地域内で特定の集団が多数派になると、排除するのは容易ではない。

リベラル派のダメなところ

移民の占める割合が高い国々はお先真っ暗などと言うつもりはない。むしろぼく自身は移民に寛容な政策を支持している。移民のコントロールを求める立場には合理性があることを示そうとしているにすぎない。彼らが感じているコストは目に見えない、とらえがたいものだ。信頼、他人との交わり、幸福度が低下し、長期的には国家が社会的・政治的に分断されるという懸念などを数値的に把握するのは難しい。だからといって存在しないことにはならない。

それにもかかわらずヨーロッパやアメリカの主要政党は最近まで、移民抑制を求める国民の声に断固として耳を貸さず、その受け皿として極右政党の台頭を招いた。主要政党は繰り返し、こんなメッセージを伝えてきた。「移民を大幅に減らせというのは過激主義であり、そんな主張はおよそ容認できない」と。国民のいらだちが怒りに転じ、二〇一六年以降は反移民勢力が選挙で勢力を伸ばしているのも当然だ。

グローバリストはこうした事態にどう対応すべきだろうか。

残念ながらよくある反応は、テレビドラマ『ハウス・オブ・カード 野望の階段』で主人公の政治家、フランク・アンダーウッドがため息交じりに語ったセリフのようなものだ。「民主主義なんて、それほど立派なものじゃないさ」[13]

移民を支持する人々は「移民のもたらす経済的恩恵は公平に分配するのは難しいが、きわめて大きく、好ましいものだ」という主張に固執しがちだ。経済的側面だけを見て、移民に反対する人々は明らかに「まちがっている」と断じるのだ。

こうした見方に立つと、一般国民は何もわかっていないので、政党は「リーダーシップを発揮して」国民を無視すべきだ、ということになる。各国で独立した立場にある中央銀行が金利を決めるように、あるいは医薬品の安全性は有権者に相談することなく当局が判断するように、移民も複雑な専門的問題なので「専門家」が判断するべきだ、と。

しかし移民の経済的恩恵と、多種多様で漠然とした社会的コストは、科学的に測定できるものではない。それは本来、主観的に判断すべき問題だ。

民主的な意思決定が最もふさわしいのは、まさにこうした問題だ。経済的恩恵の代償として幅広い個人の幸せが犠牲になるとき、選挙や国民投票を通じて有権者に承認あるいは拒絶させるのは、結論を導き出すための最も科学的な方法といえるだろう。

民主主義が支持を失いつつある

みなさんお察しのとおり、ぼくは熱心なEU支持者だ。さまざまな欠点はあるにせよ、そして全人類ではなくヨーロッパに限定されたものとはいえ、EUが共通の政治・経済体制を通じて、国民国家を超える共通のアイデンティティを醸成しているのはまちがいない。ぼくはＥＵが経済的恩恵をもたらすと考えており、社会的レベルでは加盟二七カ国のヨーロッパ人に親近感を抱いている。だから国民投票で、イギリスがＥＵにとどまることを支持したのだ。

しかしぼくは、イギリスとヨーロッパ全域の熱心な親ヨーロッパ派の人々がこぞって、そもそも有権者に判断を委ねたこと自体がまちがいだったというのを聞いてショックを受けた。政治にかかわる人の圧倒的多くはヨーロッパとの統合を支持していたため、ＥＵ離脱をマニフェストに盛り込もうと考えた主要政党はひとつもなかった。だから国民投票を実施しなければ、ブレグジットの支持者にできるのは、せいぜい悪趣味な単一争点政党「英国独立党」を支持することぐらいだったはずだ。

ただ反ＥＵ感情はきわめて強く、有力な政治評論家が英国独立党は近い将来政権を取る、と予測するほどだった。[14] 親ヨーロッパ派の多くは、ずっと国民投票を実施せず、主要政党がブレグジットをマニフェストに盛り込まない状況を続けることは可能だったと思っているようだ。だがそれはきわめて非民主的な考えで、民意を無視することの長期的弊害をとんでもなく過小評価している。

こうしたなか、民主主義そのものが支持を失いつつある。政治学者のヤシャ・モンクとロベルト・ステファン・フォアの研究は、ヨーロッパでは一九九〇年なかば以降一貫して、一六歳から三四歳までの年齢層（移民支持派のリベラルが多い）で民主主義への支持が低下していることを示している。「民主主義は国の運営方法として誤っている」という人の割合は、一九九五年には六％だったのが、二〇一一年には一二％近くとほぼ二倍になった。同じ現象がアメリカでも起きており、二〇一一年には三五歳以下の層の四分の一近くが、民主主義に否定的だった。[15] 私たちにとって最も大切な政治制度が危機に瀕《ひん》しているいま、移民問題かそれ以外の問題かにかかわらず、グローバリストがそれをさらに損なうような言動をするのは無責任だ。

有権者の意思表明を妨げようとすること、あるいは民主的判断を覆そうとすることは、グローバリストの集団的エネルギーの使い方として誤っている。それよりは国民国家の民主制を、移民が社会全体に及ぼす影響は依然としてポジティブなものか否かを測るのに最適な仕組みとして、とらえなおすべきだ。移民を抑制すべきだという有権者の判断は、社会的コストが恩恵を上回りはじめたという明確なシグナルで、移民の流入ペースを抑えるべきことを意味する。政府がそれを約束しつつ、実効性のある手を打たないことが繰り返されるたびに、民主主義制度への信頼は低下し、急進的な解決策に行きつくリスクは高まる。

異質性の社会的コストを抑える唯一の方法は、人々が共感できる共通のアイデンティティを醸成し、異質という感覚を弱めることだというロバート・パトナムの見立ては正しい。それはあらゆる異質性や差異を排除することではない。広東語を話すキリスト教徒と、標準中国語を話す儒者が、同じ中国人という意識を持つことは可能である。異質感を弱めるとは、同胞に感じる連帯感の範囲を全人類に広げていくことだ。それが実現すれば道徳的判断も変化し、移動の自由は人間の生まれながらの権利だと誰もが思うようになるだろう。

グローバリストは、移民によって自分たちの文化の最も大切な要素が失われることはなく、むしろ改善すると信じるのと同じように、たとえ移民を抑制しても、共通のグローバル文化やアイデンティティは醸成されていくと信じるべきだ。グローバルな連帯感を醸成するうえで、主要な担い手となるのは個々の移民ではない。

この事実は過去の国家建設を見ても明らかだ。一九世紀を通じてイタリアとドイツでは、自らを小さな都市国家の一員ではなく、「イタリア人」あるいは「ドイツ人」と考える人が着実に増えていった。だがそうした人々の多くは、生まれた町や村を一度も離れることがなかった。

同じことが二〇世紀のアラブ人やインド人についてもいえる。アラブ諸国では移動の自由が認められたことは一度もなかったが、強いナショナリズムが芽生えた。インドの人々は自由に国内を移動することが認められていたが、実際に移動したのはごく少数だ。つまりグローバル・アイデンティティを醸成するための条件は、すでに整っているのだ。

日本と移民

国民の意思を尊重して移民をコントロールすることは、グローバル・アイデンティティ醸成のプロセスを止めることではない。むしろグローバリズムに対する大きな不満をひとつ解消することで、プロセスを早める可能性もある。

豊かな国が移民を厳しく制限するとどうなるかを示す興味ぶかい例が日本だ。こうした政策の結果、日本人はいまでも海外に強い関心があり、海外の文化的影響を進んで受け入れ、世界と積極的にかかわろうとする。外国人には敬意をもって接する。

反移民派の主張を受け入れたら国家は狭量なディストピアになるのではないか、という不安を抱くグローバリストは多いが、日本はおよそそんな国ではない。しかも数百年にわたって外国人を締め出してきた同国においてすら、高齢化に直面する豊かな国特有の経済的および人口動態的要因から、国境を少しずつ開放すべきだという意識が広まっている。日本で生活し、働く人を増やすことを目的に、現在入国管理制度の見直しが進められている[16]。

留学生

このように移民の全体的水準については民意を受け入れつつ、ふたつのルートについては国家の門戸を開放し続けるべきだ。

第一に、高等教育機関における留学生については、無制限に受け入れる政策を採るべきだ。大学はもともと移動性の高い、見ず知らずの人間の集まりであり、そこに留学生が加わったとしても確立された社会構造が壊れることはない。彼らが大学への学費や地元企業にお金を落とすことで、留学先の経済に恩恵をもたらすのは明らかだ。就業を制限すれば、労働市場でその国の人々と競合することも防げる。留学生自身も大学での学びを通じて新たなスキルを身につけるだけでなく、国際的な経験を積み、同じような仲間との人脈ができるなど、さまざまな恩恵を被る。

一方、彼らの母国にもメリットはある。留学生の多くはたとえ留学先にとどまる選択肢があっても最終的にほとんどが帰国し、母国に専門知識と国際経験を持ち帰るからだ。

留学生の循環は、グローバル・アイデンティティを普及させる最も重要な要因のひとつだ。留学先として最も人気の高い一〇カ国の留学生の総数は、三七〇万人と推計される[17]。平均留学期間を二年とすると、現在のペースが続けば、世界人口の二％近くが留学生としてこの一〇カ国の大学で一時期を過ごす計算になる。全員が熱心なグローバリストとして巣立っていくとはかぎらないが、母国にとどまった隣人たちと比べれば、はるかに広い視野や人間関係を身につけるだろう。[18] こうした人材の循環が続けば、グローバル国家への歩みは続くだろう。

難民の受け入れ

グローバリストが注力すべきふたつめの分野は、難民の受け入れだ。殺人、強姦、拷問のリスクから人々を救うために難民を受け入れるのは道徳的義務である。これは国際協調が求められる分野でもある。難民が発生するのは、国民国家が国民を守ることができなくなった、あるいはその意思を失ったときだけだ。グローバル体制に何らかの価値があるとすれば、まさにこうしたケースで最後の拠《よ》りどころとなる支援ネットワークを提供することだ。

たとえ難民が発生していなくても、国家の破綻によって難民発生のリスクがある場合には、国際社会は介入すべきだ。政府が国民に危害を加えようとしているとき、あるいは国家が自然災害などの危機に直面し、追加的支援を必要としているときである。グローバル体制を改革し、そこに難民の認定と再定住のための協調的プロセスを含める必要があるのは、このためだ。

そうした仕組みの萌芽はすでに存在する。最貧国の難民の命を守るため、一時的キャンプの開設を含めて必要な資金やリソースを提供する、国連難民高等弁務官事務所（ＵＮＨＣＲ）だ。

しかしこうしたキャンプは、当初の想定をはるかに超えて存続することが多い。一九九〇年代初頭以降、難民と認定された人がＵＮＨＣＲの名簿にとどまる平均期間は一〇～一五年となっている。[19] ＵＮＨＣＲはこの期間中、食料や住まいなど生活に必要な物資を提供することはできるが、難民となった人々が社会に溶け込むのを支援する権限はない。たいてい難民は何十年も暮らすことになる避難先の国で、何の政治的権利もなく、経済的権利はあったとしてもごくわずかだ。

国際協調はきわめて重要なふたつの分野で、完全な機能不全に陥っている。ひとつは国家間で負担が合理的に分担されるようにすること、ふたつめは「難民の地位に関する一九五一年の条約」第三四条の順守だ。そこには「難民の当該締約国の社会への適応及び帰化をできるかぎり容易なものとする。締約国は、とくに、帰化の手続が迅速に行われるようにするため並びにこの手続にかかる手数料及び費用をできるかぎり軽減するため、あらゆる努力を払う」と書かれている。[20]

この条約を確実に履行させる権限を持った機関は存在しない。ＵＮＨＣＲには監督責任はあるが、ムチと言っても公式な非難声明を出すことぐらいだ。理屈のうえでは難民を受け入れた国々は社会への適応と帰化をうながす責任を負っているが、難民の大部分を受け入れているさほど豊かではない国々はそんな取り組みはしない。

負担の分担については、条約に言及すらない。しかし難民の存在は世界的問題であり、紛争地域に最も近い国々（たいていは世界で最も貧しい国々）が負担の大部分を負うというのは明らかに不当だ。システムが欠如しているために、難民にとっては危険を冒しても、市民権を手に入れることができそうな豊かな国に逃げることが合理的選択となる。その過程で彼らは自らの命を危険にさらし、逃避行を請け負う犯罪組織に金銭を渡す。しかもそれは共同行動の問題、すなわち寛容な国ほど、それが災いして負担の大部分を背負わされる事態を引き起こす。難民は遠隔地で亡命を申請することができないため、豊かな国まで実際に移動して「既成事実」を作らなければならない。そこでは命の危険にはさらされていなかったが、あえてリスクを冒して不法移民となり、同じように難民の地位を求める大勢の人々と同列に扱われる。

こうした悲劇的な状況は数十年来続いてきたが、二〇一五年以降、真の難民と、難民の地位を主張する経済移民を合わせたヨーロッパへの不法移民が激増したことで、あらためて浮き彫りになった。二〇一五年と一六年だけで、地中海を渡って不法にヨーロッパへ入った人の数は二三〇万人に達した。

移民に寛容なグローバリストの主張する政策は、難民がヨーロッパに入国して正当な扱いを受けられるようにするだけでなく、真の難民ではない膨大な移民の流入を許すものであることが多い。もちろん難民とその他の移民の両方を自国に受け入れる、というのも理にかなった立場ではある。しかしここまで見てきたように、前者は道徳的責務であるのに対し、後者は議論の余地がある。グローバリストが両者の区別をあいまいにすれば、難民問題が適切に議論されなくなるリスクが生じる。

難民への対応をヨーロッパ以外の地域で実施するのは、移民に反対する人々との妥協策として合理的だ。ヨーロッパ諸国が金銭的補助をしてチュニジアなどに拠点を開設し、そこで真の亡命申請者と自発的移民を区別する仕組みだ。オーストラリアが運営するこうした仕組みに批判すべき点があるとすれば、国外で移民を受けつけることではなく、そこに収容される人々の扱いや申請処理にかかる期間が必ずしも合理的あるいは人道的ではないことだ。

グローバリストが推進すべき解決策とは、国外の人道的環境で個々のケースが迅速かつ寛容に評価されるようにすること、そして難民と認定された人々にかかわる費用をヨーロッパ諸国が適切に分担することだ。本書執筆時点では多くのグローバリストがこうした解決策に強く反対している。既存の法律を無視し、ニーズに応じた優先順位もつけず、肉体的にも金銭的にも厳しい試練を運よく生き延びた人々をただヨーロッパに受け入れる現在の移民政策にすっかり満足しているようだ。その結果、多くの人命が犠牲になる。これは国境なき世界を実現する方法としてまちがっている。

国境開放が実現する日

いずれグローバル国家が誕生しても、奇妙な新しい隣人に対する異質感や懸念が完全に消え去ることはないだろう。国民国家でも建国の父らのロマンティックな理想を完全に実現できたところはない。先進国でのジェントリフィケーション（都市の比較的貧しい地域が、再開発などによって高級化する現象）やそれに対する反発の根っこにあるのは、海外からの移民と同種の問題であり、その対象が同胞になっただけだ。ある地域に外部から流入してきた人々が、長年のあいだに確立されたコミュニティの信頼感をゆるがし、文化を変え、経済に予想もつかないような影響を及ぼす。ジェントリフィケーションは帰属する国家が同じというだけでは、互いへの不信感は消えないことを示している。

中国は国内移民から生じる緊張を多少なりとも和らげるのに、戸籍制度を活用してきた。とほうもなく大きな所得格差のため、農村部から数億人の貧しい農民が、はるかに豊かな都市部へと移り住んできた。「同じ中国人」という神話によって、元から都市部に住んでいた人々は自由な移動を受け入れたものの、新参者も同じレベルの公共サービスを受けることには納得しなかった。行政サービスに対する特権的アクセスを要求し、移民が居住地を変えても自分たちとそっくり同じ恩恵を受けることはできないようにしたのだ。

グローバル・アイデンティティが普及しても、まだ大きな所得格差が残っているあいだは、そうしたシステムが中間段階として妥当なのかもしれない。自由な移動は認めつつ、元の住民に補償として一定の特権を認めるのだ。これはまさにキャプランやナイクのような移動自由化を主張する人々の「キーホール・ソリューション」と同じ発想である。

いずれにせよ、そんな時期が到来するのは、まだずっと先のことだ。当面グローバリストは長期的視点に立ち、自分たちの世界観への支持を得るよう地道に努力したほうがいい。国境開放の機が熟したかどうかは、同胞たちの声に耳を傾けて判断すべきだ。

第6章 勝者のタダ乗りを許さない

――第5の原則

「ふたつの市民階級が同じように税の痛みを感じなければ、両者のあいだに共通の利害、共通の感情はなくなる。（中略）両者はともに行動する機会も欲求も持ちえない」

――アレクシ・ド・トクヴィル『アンシァン・レジームと革命』（一八五六年）

グローバル化は貧しい国から豊かな国への人の移動をうながし、豊かな国から貧しい国へ肉体労働を移転する、そして政府から経済をコントロールする力、とりわけ世界を自由に移動できるエリート層から税を徴収する力を奪うプロセスだと言われ続けてきた。

豊かな国の肉体労働者を中心に、多くの人がグローバル化を機会というより脅威と見るようになったのは当然だ。わずかな雇用をめぐる競争は激しくなり、コミュニティは様変わりしてもはや異国のようだ。一方、経済のグローバル化で最も恩恵を受けている人々の社会への貢献度は低下し続けており、不利益を被った人々と富の再配分を通じて恩恵を分かち合おうとする姿勢は見られない。

残念ながら、こうした現状に怒りを抱く人々は、自分たちに不利益をもたらした国際協調を放棄し、政府の役割を強化することこそが解決策だと考える。貿易協定を破棄し、移民の受け入れを停止し、EUを離脱し、国連への拠出をカットする。時代に逆行するこうした政策が、自分たちの選んだ政府にはいまのようにグローバルな企業や制度に振りまわされるのではなく、すべてを完全に掌握してほしいと望む人々に支持されるのはもっともなことだ。

しかしそれは金の卵を産むガチョウを殺す行為にほかならない。グローバル化の不公平さを解決するために、その豊かさを生み出す力を封じようというのだから。

グローバリストがこうした流れを変えるためには、グローバルな経済システムには莫大な富を創造するだけでなく、その富を公平に分配する能力があること、そして多くの勝者を生むだけでなく、絶対的な敗者を生まないことを示す必要がある。そのためには課税制度を、それをすり抜けている資産と同じようにグローバルなものに変えなければならない。

「課税問題の解決」がすべてのカギ

一見、誰の手も及ばないような富豪階級の台頭は、国際協調だけでなく国民国家への信認も損ねる重大な問題だ。それを解決するためには、課税制度における国際協調が欠かせない。国際社会と国民国家の利害が一致する課税問題は、グローバリストがエネルギーを注ぐ意義のある分野だ。

当然ながら、税の抜け道をふさぐことは、現在相応の税負担を免れている超富裕層の利益に反するように思える。しかしグローバルな経済・政治システムが世論の支持を失い、存続不可能になれば、最も大きな打撃を被るのはそこから最も恩恵を受けている彼らだ。つまり課税問題を解決することは、全員の利益になるのだ。

すでに俎上《そじょう》にのぼっている改革をきちんと実施するだけでも、大きな前進になる。その主眼は情報共有の強化で、二〇〇八年の金融危機から徐々に改善してきた分野だ[1]。

しかし本来目指すべきはもっと高いレベルだ。具体的には各国が協調し、一〇〇万ドルを超える純資産を保有する個人の金融資産に対し、世界どこでも〇・五%の最低税率を課すようにすべきだ。この新たな税を徴収するのは各国政府で、必要ならさらに高い税率を課すこともできるが、世界的に合意された最低税率を下回る水準に設定すれば経済的に孤立するリスクが生じる。

こうした大胆な税制変更は近年、トマ・ピケティをはじめとする複数の経済学者がさまざまなかたちで提案してきた。その最大の目的は、大きな国家の実現ではなく、税の公平を実現することにある。[2] 富裕税を導入したとしても、その税収はどの国においても経常収入のごく一部にすぎないだろう。政府支出を増やす代わりに（もちろんそれも選択肢のひとつだが）、富裕税による増収分は他の税金を減らすために使ってもいい。国民国家の政府はこれまでと同様に財政政策全般に関する権限を持つが、国際的な税金逃れをもくろむ人々の受け皿となることは許されない。

世界的な税制協調と移動性の高い資産に対する最低課税を実現できれば、世界で最も豊かな人々に相応の負担をさせることがようやく可能になる。それは国民国家の立場を強くするはずだ。国民から税を徴収する力が高まるだけでなく、国際協調への支持が高まるからだ。アメリカ中部の衰退都市に住む人々にとっても、グローバル化は雇用喪失、地域社会の崩壊、富裕層との格差拡大と同義ではなくなる。それは政府が正当な権利を行使し、富裕層が世界のどこに財産を隠そうともそれを探し出し、そこから得られた税収で衰退都市を再生したり、国内労働階級の税負担を減らしたりする手段となる。こうした理由から国際的な税制改革は、グローバリズムは富裕層の庶民に対する陰謀だとする反グローバリズムの主張を覆し、グローバル国家への歩みを加速する、象徴的取り組みとなりうる。

グローバル化から莫大な利益を得ている人々は、たとえそれが自らの税負担を増やすことになっても、グローバルシステムへの信頼感を守るために最大限の努力をすべきだ。誰もが見て見ぬふりをしているわけではない。

ビル・ゲイツとウォーレン・バフェットは世界でも有数の富豪で、両者の資産合計は一七五〇億ドルを超えるが、現在のシステムは不公平だという考えをはっきりと示している。二〇一八年二月、ゲイツはCNNの番組でこう語っている。

「私はもっと税金を払うべきなんです。（中略）これまでに一〇〇億ドル以上を納税してきたので、誰よりも多く税金を払っていますが、政府は私と同じような立場にある人々にいまよりずっと多くの税を課すべきだと思っています。（中略）富裕層は中産階級や貧困層よりはるかに優遇される傾向があります。本来はセーフティネットは貧困層に行くほど強まり、最も富裕な人々の負担は重くなるべきなのに、実態はそれに逆行しているんですよ」[3]

「税制国家」の誕生

国家の建設には、常に公平な税制の確立という課題がつきまとってきた。近代ナショナリズムが生まれた当初の西ヨーロッパでは、国家の歳入モデルが変化し、徴税に一貫性が生まれ、その金額も増えていった。それ以前の支配者は収入の大部分を個人資産（王や女王が所有する土地からの地代など）から得ており、一般庶民からは戦時中など必要なときだけ税金を集めていた。戦争が終われば、庶民が徴税されることもなくなった。こうしたシステムには共通の連帯意識など必要ない。

しかし経済、軍事技術、そして国家間の競争が激しくなるにつれて、戦争の費用や装備の負担が大幅に増えた。

一六世紀以降の西ヨーロッパ諸国では、中世期のように必要に応じて民兵を募るのではなく、よく訓練され、組織された常備軍を持つなど[4]、成長する国家機能に必要な資金をまかなうために、税負担が増えていった。これは「封建国家（王の資産によって支えられる）」から「税制国家」への変化と呼ばれる[5]。官僚機構が拡大し、王国内のすべての資産をせっせと記録し、徴税の基盤を整えた。一六世紀にとりわけ精緻な記録を作成したのはスウェーデンだ。スウェーデンが今日にいたるまで他国よりはるかに高い税率を国民に課し、平等な福祉制度を維持できているのは、社会主義的イデオロギーが登場する以前に、この詳細な資産記録があったからだという説もある[6]。

税制はさまざまなかたちで国民意識の醸成を後押しした。そのひとつが徴税に対する国民の反発で、それは政府に絶対的支配者ではなく、国民の代表としてふるまうことを求める圧力となった。たとえばイギリスとフランスでは、王は「議会」の承認なしに新たな税を課すことができないという習慣が生まれた[7]。どちらの国でも当時の議会はまだ今日的意味での「国民」を代表する存在ではなかったが、議会の承認を必要とする制度によって、君主は課税に対してある程度広範な支持を取りつけなければならなくなった。

これを中国のケースと比較してみると興味ぶかい。中国は「税制国家」としての歴史が長く、また中国人という強固なアイデンティティがあった。ただ近代の中国は、ヨーロッパ諸国の軍事費を高騰させる要因となった国家間の競争を経験しなかった。このため国民の税負担は右肩上がりにはならなかった[8]。この時期の中国政府が、絶対的支配者から国民の代表へと変化しなかったのは、偶然ではないだろう[9]。

イギリス、フランス、アメリカのケースは、公平な税制の確立がナショナリズムの発達にきわめて重要であることを示している[10]。

三カ国のうちナショナリズムが勃興した当時、最も代議制の体裁が整っていたのはイギリスで、このため国民の反乱を招かずに相当な税金を集めることができた。一八世紀を通じてイギリス政府の歳出は毎年、国民所得の八〜一〇％に達していた。その多くは軍隊の費用をまかなうため、あるいはそれまでの軍事活動で生じた借金の返済に使われた。当時としては非常に重い税負担だ。しかし議会制度を通じて、有権者が自らの利益を主張したり、不公平と思われる問題に声をあげたりする機会が保証されていたために、税負担は受け入れられ、きちんと支払われていた。この「財政的同意（税制に対する広範な支持）」

があったために、イギリスは一八世紀末から一九世紀にかけてのナショナリズム時代への移行を、他国のような混乱もなく乗り切ることができた[11]。

一方、フランスの状況はまったく違った。君主は絶対的支配に固執し、その手段として有力貴族におもねって課税をほぼ免除していた。こうして最も支払い能力の高い人々が負担を免れ、実際に税を支払う人々には不公平感の高いシステムとなり、税収が少ない割に不満が多かった。アダム・スミスは一七七六年にフランスのお粗末な税制について、こう書いている。

フランスの税制はあらゆる面でイギリスより劣っているように見受けられる。（中略）一七六五年から一七六六年にかけて、フランスの国庫に支払われた税金は、一五〇〇万ポンドに満たなかった。フランスの人々がイギリスの人々と同じ割合の税負担をすれば、国庫に納められたはずの金額の半分にも満たない。それにもかかわらずフランス人の重税感はイギリス人のそれよりはるかに高いとされる[12]。

その一〇年後、フランスの制度は崩壊した。税制に対する不公平感と国家として十分な財源を確保する能力の欠如が、政府の憲法上の根拠を見直し、市民の解放を目指すフランス革命の主要な原因となったというのが通説だ[13]。大変な社会的混乱を引き起こしたものの、この革命を経てフランスには代議制に近いシステムと公平な税制が誕生し、その後数十年にわたって大幅な税率の引き上げが可能になった。

アメリカ合衆国も不公平な税制への反発によって、国民が団結した国のひとつだ。アメリカの高校生なら誰でも知っているように、アメリカの建国理念のひとつは「代表なくして課税なし」だ。イギリスがアメリカに植民して最初の一世紀は、植民地にはイギリスのアイデンティティが残っていた。それが変わったのは一七六〇年代に、イギリス政府が紅茶などに高い物品税を課すようになったからだ。アメリカの植民地はこうした紛争を解決するため、自ら選出した代議士をイギリス議会へ送ることも許されなかった。こうして同じ国民という幻想は崩れた。一七八九年には世界初の明文化された憲法を戴く、新たな独立国家が建設された。その憲法は「われら合衆国の人民は」という、いかにもナショナリストらしい文言ではじまっている。

税制と代議制の緊張関係は、その後も続いた。一九六〇年代以降、税制への国民の同意について影響力を持つようになったのはバージニア学派の主張だ。あらゆる憲法上の枠組みには、国民の同意に基づいて徴収できる税の上限がある。政治家はさまざまな方法によって徐々に税率を引き上げていくことができるが、それもこの上限に達するまでである。さらに高い税率に対して国民の合意が得られるような新たな憲法上の枠組みができるまで、税率は変わらないという考え方だ。[14] この学説には批判もあるが、私有財産で国を運営していた中世の絶対君主制から、今日の国民国家にいたる変化のプロセスを説明するすぐれた分析といえる。今日先進国では、普通選挙が実施され、国民所得の三分の一以上が税金として徴収され、おもに教育、医療、福祉に使われる傾向がある。

こうした変化のなかで、富裕層にはより大きな税負担が期待されるようになった。かつては社会で最も力のある人々は、税金の一部あるいはすべてを免れるのが当たり前だった。[15] ナショナリズムの時代には、全員が税を負担することが重視されるようになった。しかし二〇世紀に入るまでは、税に再分配効果を期待するというより、負担は所得に比例すべきだとされていた。アダム・スミスは自明のこととしてこう書いている。

「あらゆる国民は政府を支えるため、できるだけそれぞれの能力に見合うかたちで、すなわち国家の庇護のもとでそれぞれが享受する収入に比例して税を負担すべきである[16]」

二〇世紀になると、多くの国で普通選挙が実施されるようになったことや、ロシアではボルシェビキ革命が起きたことから、税制は資本主義の引き起こした格差を是正するため累進性にすべきだという考えが広まった。共産主義諸国では私有財産の没収と国有化という明確なかたちでそれが実現した。市場主義経済の国々ではそこまで目立った変化はなかったが、どの国でも政府は自らの権限によって最も豊かな人々の富の一部を最も貧しい人々に再分配することが期待されるようになった。二〇世紀の大部分を通じて、資本主義国のイギリスやアメリカでも巨額の所得や資産には重税が課せられていた。イギリスでは一九四〇年代と七〇年代に最高税率が九八％、アメリカでも大恐慌の直後は所得税の最高税率が八〇％に設定されていた[17]。

世界の富の8%はタックスヘイブンに隠されている

ここ数十年のグローバル化によって、税負担の上昇と代議制の浸透という好循環に終止符が打たれようとしている。今日の世界は革命以前のフランスのようだ。エリート層は税負担を逃れ、大衆は怒っている。世界のいたるところで税の不公平感が国家の枠組みをゆるがしている。

近年、複数の研究が問題の深刻さを数値的にとらえようとしてきた。トマ・ピケティの門下生である経済学者、ガブリエル・ズックマンの比較的保守的な推計によると、世界の富の八％がタックスヘイブン（租税回避地）に隠されているという[18]。ズックマンの試算では、このうち富の所有者が居住国の税務当局に申告しているのは二〇％にすぎない。こうした資産の大部分は金融商品に投資されているが、投資は幾重にも重なったペーパーカンパニーを通じて行われるので、受益者（資産の本当の所有者）はまったくわからなくなっている。

もちろん資産の大部分は物理的にタックスヘイブンに移されてはいない。たとえばフランス人がフランス企業の株を所有していても、書類上ルクセンブルク、スイス、英領ヴァージン諸島を経由してうまく痕跡を消せば、フランスに税金は一切納めずにすむ。

世界にはこうしたタックスヘイブンが八〇あまり存在する。国家の主権を、金儲けの手段にしている国々だ。つまりこの世界は国際ルールを順守する国民国家の集まりで、自らも独自に法律を制定する権限を持つのを良いことに、税率も透明性もゼロに設定している。そうすることで本国の税を逃れてきた資産を運用するという、実入りの良いビジネスを誘致するのが目的だ。ルクセンブルク、ケイマン諸島、パナマなどタックスヘイブンの人口はきわめて少ないので、課税を免れた莫大な資金を引きつけることで生じるサービス収入や不動産収入だけで、比較的高い生活水準を維持できる[19]。

ただタックスヘイブンが手にするのは、税金を逃れた莫大な資金のごく一部にすぎない。人口が少なく、（書類の上だけでも）通過する資産が莫大なら、それで十分なのだ。最大の勝者は税金を逃れた資産の所有者である。一方、敗者は海外に資産を隠せず、タックスヘイブンの居住者でもない人々、つまり地球上のほとんどの人だ。

影響の度合いは地域によって大きくことなる。アフリカは世界で最も貧しい大陸で、税収はどこよりも低く、投資の必要性はどこよりも高い。そのアフリカの富の実に三〇％がタックスヘイブンに秘匿されている。アメリカでは海外に隠されている個人資産の割合ははるかに低い。一方、アメリカ企業が海外であげた利益の五五％はタックスヘイブンに置かれている。こうした資金を国内に取り戻すために、アメリカ政府が近年唯一実施したのは、一時的な免税期間を設けるという方法だ。いわば税金の特赦であり、かぎられた期間にかぎって企業はほとんど税金を払わずに海外に隠していた資産を国内に持ち込むことができた。ジョージ・W・ブッシュ政権は二〇〇四年から二〇〇五年にかけてこれを実施、ドナルド・トランプ政権も同じような措置を検討している。[20]

失われた8000億ドル

こうした手口で徴税を免れた金額は、いったいいくらにのぼるのか？　ズックマンの計算では、現在の税法では、個人がタックスヘイブンを使うことで政府が失った税収は、毎年約二〇〇〇億ドルにのぼる。このうち七八〇億ドルがEU加盟国に納められるべき税金で、これはEUの年間予算のほぼ半分に匹敵する。アメリカでは個人がタックスヘイブンを使うことによる逸失税収は三五〇億ドル程度と見られるが、企業が利益を税率が低い、もしくはゼロの国に移すことによる税収減は一三〇〇億ドルという莫大な規模に達する。

しかし税収を失うことで最も打撃を被っているのは最貧国だ。切実に資金を必要としている（アフリカ全体では電気を使えるのは人口のわずか三五％で、インフラ投資額は他地域に追いつくために必要な金額に比べて毎年四八〇億ドル不足している）[21]ことに加えて、幅広い国民から徴税することができないためだ。国民のなかには最低限の生活を維持するだけの収入しか稼いでいない人もいれば、インフォーマル・セクター（非公式な経済活動）に従事しているため課税が困難な人もいる。

世界で見ると、毎年六〇〇〇億ドルの法人税収が失われており、そのうち三分の一は発展途上国に納められるべき税金だった。[22]個人所得税の逸失分二〇〇〇億ドルと合わせると、世界中で徴収されている税の約四％に達する。これだけの税収があれば相当のことができる。これは世界中の援助国の援助予算を合算した金額の四倍以上であり、[23]中低所得国から海外に移住した人々が毎年母国に送金する額の約二倍だ。[24]これだけの税金を政府が集め、教育に振り向ければ、世界の公教育への支出は二〇％増える。

しかし現行システム（あるいはその欠陥）によって失われている税金は、本当ははるかに多い。というのも個人資産や法人所得に対する税率は、政府が民意に基づいて決定すれば、いまよりずっと高くなるはずだからだ。

個人に対する財産税や法人税がここ数十年、厳しい下方圧力にさらされてきたのは周知の事実だ。資産家や企業が納税地を自由に選べるようになったことが大きい。[25]グローバルな資金移動が容易になるにつれて、法人税率は低下してきた。一九八一年には四一％だったOECD諸国の法人税率の平均は、二〇一四年には二三％まで下落した。一方、アメリカの多国籍企業の五〇カ国における実効税率（当該国で得た収入に対して支払った税金の割合）は、一九八三年時点でも三三％と低かったが、二〇一一年にはさらに一八・五％まで低下している[26]。アメリカでは一九五〇年代には法人税収がＧＤＰの五％であったのに対し、二〇一九年には同二％に低下している[27]。

勝者のいない「法人税減税競争」

法人税率が引き下げられた時期の政治的議論を見ていた者には、税率低下の原因は明らかだ。企業を誘致するためには、他国が税率を下げれば、自国も下げないわけにはいかなくなる。税率は民主的な意思決定プロセスではなく、各国が小さくなるパイの取り分を奪い合い、「税率引き下げ競争」を繰り広げるなかで決まっている。国民は富裕層への課税強化を要求するが、政府はそれはできない、とつっぱねる。

法人税率が引き下げられてきた理由は、公平を期すためでもなければ、小さな国家の実現でもなかった。他国に負けないためだ。ジョージ・オズボーンが二〇一〇年に大蔵大臣に就任した直後にイギリス議会で語った言葉がそれを表している。

「法人税率は世界中で比較されます。低い税率を打ち出せば、それが国の宣伝になります。（中略）一八％というイギリスの現在の税率は、ますます競争力を失っているのです[28]」

オズボーンとその後任のフィリップ・ハモンドの在任中、法人税率は複数回にわたって大幅に引き下げられた。二〇一〇年の二八%から二〇一七年には一九%へ、さらに二〇二〇年にはわずか一七%まで低下する見込みだ。オズボーンが蔵相の座にとどまっていたら、下げ幅はさらに大きかったはずだ。ブレグジットの国民投票が行われた直後の二〇一六年には、再び「競争力を維持する必要性」を訴え、法人税率の一五%への引き下げを訴えたが、実施する前にテリーザ・メイ首相によって解任された[29]。

対照的にアメリカは、表向きは比較的高い法人税率を維持してきたが、実際には海外で得た利益への課税を免除したり（その利益を海外に置いておくかぎり）、あるいは「免税期間」にきわめて低い税率（ブッシュ政権の免税期間中は五・四五%）で本国に送還することを認めてきた。二〇一七年一二月には、ドナルド・トランプ政権が税率を二一%まで引き下げることで、この矛盾を解決することにした。「高い税率を維持すれば、利益を海外に留め置くぞ」という企業からの実質的な脅しに屈したわけだ。

これはただの脅しではなかった。イギリスでは法人税率が急低下するのにともない、二〇一〇年には三六〇億ポンドだった法人税収が、二〇一七年には五六〇億ポンドと急増した[30]。当然これは減税政策のすばらしい勝利とうたわれた。だが税率が三〇%下がった後で税収が五五%増えたというのはきわめて筋の悪い話で、イギリスが本当の意味で「企業誘致」に成功したわけではない。増えた税収の多くは、多国籍企業が「移転価格操作」（ある子会社が別の子会社に物理的財産あるいは知的財産を「売却」し、「売却」した子会社に「購入」した子会社より多くの利益を計上させること）と呼ばれる仕組みを使い、税金のうちイギリスに納める割合を増やすことを選んだ結果にすぎない。企業は可能なかぎり資産をタックスヘイブンの子会社に保有させようとする。

たとえばグーグルの検索アルゴリズムの拠点がバミューダであるのはそのためだ。グーグルのバミューダ子会社は、税率の高い地域にある子会社からアルゴリズムを使用する権利の対価を求める。この仕組みによって税金のかからないバミューダ子会社が莫大な利益をあげる一方、税率の高い地域の子会社は帳簿上あまり利益があがらないようにするのだ。

知的財産のような無形資産はクリックひとつでカリブ海の島に送れるが、すべての資産がそういうわけにはいかない。それでも従業員の数や子会社間の移転価格を巧みに管理することで、もっと実体のある資産を扱う企業でもイギリスのような税率の低い国でより多くの税金を払うように操作することはできる。それによって税率の低い国の税収は増えるが、他の国々の税収は減る。ただ税率を引き下げることで、逆に政府の税収を増やすという戦略が機能するのは短期間だけだ。アメリカが税率をイギリスと同じぐらいの水準に引き下げれば、ここ数年のイギリスの税収増はたちまち消え失せ、どちらの国も税率も税収も低い状態になるだろう。まもなく主要国のひとつがアイルランドに倣って、法人税率をきわめて低い水準に設定するかもしれない（アイルランドの法人税率は一二％だが、国の規模がきわめて小さいので、そこで利益を上げるには限度がある）。そうなれば企業の利益は新たに低い税率を導入した国へ移動し、イギリスとアメリカは再び「競争力を失う」。こうして「税率引き下げ競争」は果てしなく続いていく。

消えた個人富裕税

資本の移動性が高まるなか、法人税は着実に減少していったが、個人に対する富裕税は減少どころか姿を消した。

この流れがはじまったのは、もともと富裕税を導入している国が多かったヨーロッパだ。まず一九九七年にドイツとデンマークが、純資産が一定の基準を超える人に課していた相当な重税を廃止した[31]。フィンランド、ルクセンブルク、アイスランドは二〇〇六年に富裕税を廃止（ただしアイスランドは財政難に陥った二〇一〇年から二〇一四年にかけて一時的に復活させた）、スウェーデンも二〇〇七年に追随した。その翌年にはスペインが富裕税を廃止したが、景気悪化にともない財政が逼迫《ひっぱく》したため、二〇一〇年に復活させている[32]。

近年、さらに多くの国がこの流れに加わっている。一例がインドで、三〇〇万ルピー（四万四〇〇〇ドル）を超える個人資産に毎年一律一％の税を課す制度を二〇一六年に廃止した。[33] ただ世界の富裕税にとって最も大きな打撃となったのは、二〇一七年にフランスのマクロン大統領が「連帯富裕税」を廃止したことだろう。一三〇万ユーロを超えるすべての資産が対象で、毎年五五億ユーロの税収をもたらしていたが、マクロン大統領はその代わりとして不動産のみを対象とする「不動産富裕税」に切り替えた。[34]

フランスは二〇一七年まで、G7諸国で唯一、超富裕層の金融資産を含むすべての資産を対象に重い税負担を課していた。それを資本グローバル化の時代においても、こうした政策が可能なことを示す証拠と見る向きもあった。しかし新大統領となったマクロンを含めて、富裕層の金融資産に課税する唯一の国であることが、企業や投資がフランスから逃げる原因となっているという見方のほうが優勢だった。[35] 何とかフランスの起業家精神を刺激したい新大統領には、選択の余地はないように思われた。富裕税の対象を、カリブ海地域に持っていくことの難しい不動産に限定することで、移動性の高い資産をフランス国内にとどめるよううながすのだ。

現在のグローバルな税制の下では、賢明な政策かもしれない。しかしフランス革命が息の根を止めたはずの特権階級に対する税制優遇を復活させることは、社会的代償をともなう。富裕税から「連帯」という言葉が消え、代わりに「不動産」という言葉が追加されたのは示唆に富む。

グローバル化で落ちる「課税能力」

このように政府は国民の民主的な意思ではなく、他国との「税の競争」によって、法人の利益や個人の財産への課税を減らす、あるいはやめることを余儀なくされている。

ぼくは第4章で、国民国家は他国に害を及ぼさないかぎり、国内制度については自由に選択する能力を今後も持つべきだと主張した。しかし現行システムの下では、一国の税制は他国に害を及ぼす可能性がある。A国が高率の法人税を徴収し、その税収を使って企業が活動しやすい環境を整えたとする。その場合、企業はA国で活動するか、あるいは税率は低いが、A国のような環境は整っていないB国で活動するか、選択すると考えるのが合理的だ。しかし現在の税の競争は、そんなふうにはなっていない。

多国籍企業は世界のあちこちで、インフラ、法の支配、教育など政府が投資をして整備してきたすばらしい事業環境の恩恵を享受しながら活動する。しかし税金は税率の低い国だけで支払うという選択をすることができる。

最近の例がアマゾンだ。イギリスでの事業は急拡大しており、二〇一七~一八年の課税年度には八七億ポンドもの売上高をあげた。しかしこのうちイギリスに登録されている子会社の売上となったのはわずか二〇億ポンド。この子会社が計上した利益は七九〇〇万ポンド、納めた税金はわずか一七〇万ポンドだった。アマゾンがイギリスであげた売上のうち、残る六七億ドルはタックスヘイブンであるルクセンブルクの別の子会社のものとなった。この六七億ドルについてどれだけの税金を支払ったのか、アマゾンに法的な開示義務はない。おそらくきわめてわずかだろう。

皮肉なことにグローバル化によって、世界中の市場や労働力へのアクセスを得た富裕層の財力が一段と増大する一方、政府は彼らに課税する能力を失っていった。二〇〇八年の世界金融危機以前にもそうした状況はあったが、危機後の政策決定によって、不公平性は一段と高まった。アメリカとEUという世界の二大経済圏が銀行システムを救済し、その後何年にもわたって超低金利と量的緩和を続けたことで、世界の資産価格は回復しただけでなく高騰し、それが格差拡大につながった。資産価格上昇がはっきりと格差を広げるのは、トマ・ピケティが示したように、昔も今も資産の分布のほうが所得のそれよりはるかに偏っているからだ[36]。

ジャーナリストのジョン・ランチェスターは、資産価格の上昇を招いた政策を「必要だが最悪の選択[37]」と評した。経済のメルトダウンを回避するには必要だったかもしれないが、それは貧困層や中産階級の納税者から富裕層への莫大な富の移転につながったからだ。その結果、政府支出は抑えられ(「緊縮財政」)、多くの国で格差が急拡大し[38]、国民の強い怒りが沸き起こった。この怒りは国民国家とグローバル体制の両方を脅かすものだ。グローバル経済の支配者たちは各国政府と共謀して資本主義のうまい汁を吸う一方、自分たちからは収入、安全、そして将来への希望を奪った、と感じている人は膨大な数にのぼる。そして大衆の怒りや不満が得てしてそうであるように、その矛先は必ずしも正しい相手に向けられていない。ドナルド・トランプは巧妙に話をすり替え、アメリカが単独行動主義を貫き、富裕層への課税を減らすことが問題の解決につながる、と数百万人のアメリカ国民を納得させてしまった。国際社会が協調して富裕層への課税を強化すべきなのに、まさにその逆だ。

パナマ文書

不公平性や富裕層の悪事が黙認されていることへの大衆の激しい怒りは、まさに世界的な現象になっている。

二〇一五年のパナマ文書事件がまさにその好例だ。このスキャンダルでニュージーランドの首相、そして（最終的には）パキスタンの首相が退任を余儀なくされた。ロシアのプーチン大統領の側近、中国の習近平国家主席の親族をはじめ、世界の政界、ビジネス界のエリートが秘密の資産管理会社を所有していることが続々と明らかになった。すでに豊かな国だけでなくブラジル、パキスタン、フィリピンなど世界各国で、現行システムを打破し、そこから利益を得ていた者を刑務所送りにしようと訴えることが、選挙に勝つための確実な戦略になった[39]。共産党の一党支配が続く中国ですら、格差やエリートの特別待遇に対する国民の怒りをなだめるために、汚職に手を染めた政府高官を厳しく処罰するポーズを取らざるをえなくなった。

ただこれほど庶民の怒りが高まっても、格差は一向に縮まらず、富裕層は相変わらず納税を免れている。富の不平等は年々、拡大し続けている。

イギリスのNGO「オックスファム」の調査では、二〇一七年に新たに生み出された富の八〇％が世界で最も豊かな一％の人々の懐に入る一方、世界の貧しいほうの五〇％に含まれる三五億人の富はまったく増えなかった[40]。

一方、ガブリエル・ズックマンの調査では、タックスヘイブンに置かれている個人資産の合計額は、二〇〇八年以降急増しているという[41]。経済学者のブランコ・ミラノヴィッチはこんな警告を発する。

「深刻な不平等は最終的に持続不可能になるが、自然と解消することはない。むしろ戦争、社会的不和、革命など不平等を解消するようなプロセスを引き起こす[42]」

法人税をめぐる国際協調

そうした劇的な結末を回避する最善の方法は、過去の国家建設の教訓に学ぶことだ。私たちは現在の法体制を、経済の実態に即したものに修正する必要がある。一八世紀末、アダム・スミスはこう語っている。

「すぐれた国家は例外なく、国内産業の生産物の大部分を販売するのに最適かつ最大の市場となっている[43]」

二一世紀のいま、経済活動はグローバルになったが、税制はアダム・スミスのころと変わらず国家単位のままだ。徴税をグローバルな活動としてとらえ直すことができてはじめて、新たな貴族階級がグローバル体制の安定を脅かしながら税負担を免れている現状を変えることができる。

幸い、変革の機運は高まっている。国際社会が協調して取り組まなければ、国民の怒りを鎮めることはできないと、多くの政府が理解しはじめたからだ。現行システムからの財産税や法人税引き下げの圧力に屈し、勝者のいない「減税競争」を繰り広げる一方で、システムを変えるための協力も進めている。そこで最も重要な役割を果たしているのが、アメリカ、ＥＵ（イギリスを含む）、ＯＥＣＤ（パリを拠点とする世界で最も豊かな三六カ国が加盟）、Ｇ20（世界経済における主要二〇カ国）の四つだ。

これまでのところ国際協調は透明性の向上と情報共有の強化にかぎられている。大して意味のない取り組みに思えるかもしれないが、過小評価すべきではない。法人税にかかわる最大の問題は、多国籍企業が各税務当局に、その管轄内で活動する子会社の税務申告書しか提出しないことだ。

すでに見てきたとおり、各子会社の財務活動には、他の子会社との実体のない「売買」が含まれている。この手の実態のない取引は非常に規模が大きく、国連の調査では国際貿易の六〇%を占めるほどだという。[44]この闇のなかに、多国籍企業が自らに最も都合の良いように利益を動かす機会がやまほど潜んでいる。こうした状況を是正するため、OECDとG20は一一六の税務当局（世界経済の九五%をカバーする）と協力し、「税源侵食と利益移転（BEPS）」と呼ばれる仕組みを通じて抜け道を塞ごうとしている。OECDは二〇一八年七月、BEPSプロジェクトがすでに世界中の税務当局に一〇八六億ドルの税収をもたらし、企業に「税務構造を経済活動の実態と合わせるように主体的に取り組む」よう行動変化をうながしてきたと発表した。

法人税をめぐるこうした国際協調は、変化に向けた確かな一歩だ。しかしアマゾンのイギリスへの納税額が示すように、企業の行動変化はまだまだ不十分だ。多国籍企業が互いに取引関係のある独立企業の集合体であるかのようにふるまうのを許してはならない。これはグローバル経済という四角い釘《くぎ》を、二〇〇以上の独立した税務管轄が併存する世界という丸い穴に押し込めようとする結果である。

国際社会にとって参考になるのは、アメリカの法人税の課税方法だ。アメリカでは五〇の州がそれぞれ独自に法人税の税率、インセンティブやルールを決めることができる。

ただし各州で課税対象となる利益の額は、企業が勝手に決められるわけではない。そこで使われるのが「配賦方式に基づく合算課税（ＵＴ－ＦＡ）」と呼ばれる仕組みだ。各企業はアメリカ全体の財務情報を提出し、そのなかで州ごとの売上高、費用、資産を明らかにする。これらの要因をもとに一定の方式をあてはめ、会社の利益のうちどれだけが各州での活動によるものかを算定する。こうして各州に割り当てられた利益に対し、州の税法が適用される。

すでに法人税については過去に例のないほど国際協調が進んでおり、アメリカの仕組みをグローバルな法人税の運用に当てはめることは十分可能だ。自国の政府にこうした追加的措置をうながすことは、グローバリストにとって重要な活動目標となる。

情報共有についてもさらに対象を拡大し、個人資産も含めるべきだ。すでに述べたとおり、近代国家の基礎を整えたヨーロッパの税制国家は、まず誰がどんな財産を持っているか、詳細な記録を作るところからはじめた。当時は財産の大部分を、土地や固定資産（灌漑用水路、建物など）が占めていた。グローバル化した経済に合わせて会計ルールを変更するには、まず金融商品を含めたあらゆる資産のグローバルな記録を作るところからはじめるべきだ。[45]

先鞭《せんべん》をつけたのはアメリカで、二〇一〇年に「外国口座税務コンプライアンス法（ＦＡＣＴＡ）」を制定した。アメリカと取引のあるすべての海外金融機関に、アメリカ国民と居住者のすべての資産の公表を義務づけたのだ。そこには複雑なペーパーカンパニーのネットワークを通じて保有している資産も含まれる。

重要なのはＦＡＣＴＡが違反した金融機関に対して、アメリカで得た所得の三〇％を徴収するという重い罰則を課していることだ。アメリカの経済規模を考えれば、金融機関にとってアメリカで事業をしないことでＦＡＣＴＡの適用を免れるという選択はありえない。法に従わない金融機関を発見するため、アメリカ財務省は内部告発者に最高一億ドルを超える報奨金を出すとしている。この結果、それまでアメリカ国民が申告していなかった資産について膨大な情報が集まるようになった。

ＦＡＣＴＡはアメリカの単独行動でさえも銀行の秘密主義に風穴を開けられること示したという意味で、重要な一歩だった。しかしＦＡＣＴＡで得られた情報の受益者はアメリカ財務省だけだ。財務省は他国と情報を共有する義務を一切負わず、他国の国民の資産については情報を要求しない。アメリカと取引をしなくても生きていける小規模な投資会社は増えており、長い目で見ればアメリカ国民もそうした会社を使うことで資産を隠せるようになるだろう。世界経済に占めるアメリカの割合が縮小し続けるなか（一九六〇年代には四〇％だったのが、一九八五年には三四％、二〇一四年にはわずか二二％に低下した）、それはしだいに容易になっていくはずだ[46]。

ＦＡＣＴＡが先鞭をつけた取り組みは、世界的なシステムに発展させていく必要がある。

ＯＥＣＤとＧ20では進展が見られるものの、それは税務当局のあいだの情報共有にかぎられており、世界単一の資産データベースの構築には向かっていない。

最近の心強い動きとしては、五〇カ国以上がＯＥＣＤの「情報の自動共有プロトコル」を採用したことだ。これは各国の税務当局に、他国の国民の資産を発見したら、相手国からの要求がなくても即座にその詳細を開示することを求めるルールだ。

こうした取り組みは、グローバルな資産記録を集める第一歩となる。ただこのプロセスをはばむ政治的障害は、まだ多く残されている。たとえばデータセキュリティに関する不安だ。ガブリエル・ズックマンをはじめ、グローバルな資産記録は一般公開すべきだという意見もある一方、プライバシー保護の観点から政府間で機密情報として共有する場合でも安全が十分守られるか懸念する声があがる。

透明性はたしかに重要な問題だが、それが効果的な税制実現をはばむことがあってはならない。グローバルな資産記録が犯罪者によって誘拐や恐喝に使われるのを防ぐには、強固な社会や効果的な警察による取り締まりが不可欠であり、いずれも超富裕層がしっかりと税金を払うことによって強化できる。多くの国で超富裕層が現在そうした犯罪の対象になっていないのは、その正確な保有資産が公開情報になっていないためではない。莫大な資産を保有していることが周知の事実となっている人はたくさんいるが、その多くはボディガードを雇ってはいない。公表されている総資産はジャーナリストの推計にすぎないが、もう少し正確な資産額が一般に知られるようになっても、それによって彼らの身の安全が一気に脅かされる可能性は低い（彼ら自身が犯罪者であることが明らかになった場合はそのかぎりではないが）。

ただ世界には富裕層が重大なリスクにさらされる地域もある。リスクを抑えるために、情報公開は段階的に進めるという選択肢もある。たとえば当初は資産データベースにアクセスする権限を、十分な機密保持能力を証明できた税務当局に限定する、情報公開の対象を富裕層へのリスクが許容されるレベルにとどまっている国の市民に限定するという具合に。

年率0・5%の「最低富裕税」を課そう

こうしたグローバルな資産記録の作成は必要だが、それで十分ではない。クリックひとつで動かせる資産ほどではないが、富裕層自身も飛行機に乗るだけで税率が低い、あるいはゼロの国に移住できる。そうした国々は富裕層を居住者や市民として呼び寄せたいと思っているので、移住に際してビザの取得に苦労することはない。超富裕層の多くはすでにタックスヘイブンの居住者となっている。世界中ですべての資産が記録され、税務当局に捕捉されるようになれば、それに課税しないと約束している国々の魅力は一段と高まるだろう。すでに見てきた最低税率への競争はこうして続くことになる。

富裕層の資産は、最終的には主要国での実体経済活動に変わる。こうした活動が成立するのはインフラ、法の支配、社会的連帯が整っているからであり、それは公平な税制によって支えられている。だからタックスヘイブンに居住する富裕層が、税金で造られた母国の道路や病院を使わないとしても、制度のフリーライダー（タダ乗り）であることに変わりはない。なぜならそうしたインフラがなければ、彼らの金融資産の価値は大幅に目減りするからだ。だからこそすべての国が、金融資産を含めた総資産に課税し、しかもその税率が合意された最低水準を下回らない仕組みが必要なのだ。

ぼくが提案するのは、一〇〇万ドルを超える総資産を保有するすべての人に、資産のうち一〇〇万ドルを超える部分に対して年率〇・五％の最低富裕税を課すという案だ。クレディ・スイスの分析によると、二〇一七年にこの制度があったとすれば対象者は三六〇〇万人で、このうち七五％がヨーロッパと北アメリカの居住者だった。対象者の資産合計は推計一二七兆ドルで、そこから一人一〇〇万ドルを控除したところに〇・五％の税率をかけると、四五五〇億ドルの税収が発生する。これは世界の税収が二％以上増えることを意味する。[47]

富の分布に地理的偏りがあることから、各国に入る税収には大きな差が生じることになる。新たな税収の五〇％超（約二二九〇億ドル）は、アメリカ財務省が一五四〇万人のミリオネアから徴収する。中国が二〇〇万人から二六〇億ドルを集め、全体の五％を占める。ノルウェーは豊かな国だが人口が五〇〇万人しかいないので、二〇万人の富裕層から二三億ドルを集め、全体の〇・五％を占めることになる。

この新たな税の影響を受ける超富裕層は世界人口の〇・五％で、二〇一七年時点で世界の富の四五・九％を保有していた。しかし対象となる三六〇〇万人のほとんどは、一〇〇万ドルをわずかに超える資産しか保有していないので、税額はごくわずかになる見込みだ。たとえば総資産が一二〇万ドルなら、年一〇〇〇ドルである。税の大部分を負担するのは、グローバル体制を活用して巨万の富を築いた人々であり、その多くが資産価格の高騰を招いた政策の恩恵を受けてきた。政府がそれを埋め合わせるような政策を実施し、富裕層が得た利益のほんの一部を公共の利益のために回収するのは明らかに理にかなっている。〇・五％の税率はごくわずかだ。二〇世紀を通じて、民間資本の世界的な実質平均リターンは年率五％だった[48]。つまり平均して見れば、新たな富裕税は資本から得られるリターンのわずか一〇％を徴収するにすぎない。もちろん資産クラスによっては利益率の低いものもあるが、新税は合理的に投資された資産のストックを食いつぶすものではまったくない（資産を合理的に投資することへのインセンティブを追加すれば、経済にすばらしい恩恵があるのは言うまでもない）。

こんな案ではまったく不十分だと思う人もいるだろう。すべての富裕層に最低限の税負担を強いる仕組みではあるが、真の再配分を実現するものではない。歴史学者のサミュエル・モインは、国際社会が人権問題に目を向けるあまり、不公平の問題が見過ごされてきたと主張する。世界に正義を実現するためには、人々を劣悪な生存環境から守るだけではなく、公平性を推進するような施策が必要なのだ、と。[49]

世界を単一国家と見る人にとっては、モインの主張は説得力がある。しかし世界的な連帯はまだそこまで成熟していない。単純にいえば、豊かな国の国民の多くは、万人の基本的人権を守ることは望んでいても、貧しい国が自分たちに追いつくことを望んではいない。世界は不公平なままでいいと思っているのだ。国民国家のあいだでも、政府がどの程度富を再分配すべきかについては見解が分かれる。グローバル体制が国民国家に特定の再分配政策を強制することはできない。ただ国民国家の内部でも時間をかけて合意が形成されていったことから、グローバル・アイデンティティが強まるなかでいずれもっと公平な世界を目指そうとする機運が生まれてくるかもしれない。国際社会が協調して税の原則を確立することは、その目標に向けた一歩といえるだろう。

４５５０億ドルの使い道

富裕層への課税によって徴収された四五五〇億ドルの使い道はどうすべきか？

ぼくはグローバルな優先課題と国民国家のそれに半分ずつ充てることを提案したい。富裕税はすべて国民国家の政府が集めるが、各国は徴収した金額の半分を対外援助としてグローバル体制に寄付することを求めるのだ。SDGsに取り組むための資金はほんの少し増加するだけだが（現在の対外援助の総額は約二〇〇〇億ドル）、課税ベースの大幅な改善にはつながる。

現在、豊かな国は国税として集めた資金のなかから対外援助をまかなっている。つまりアメリカ、フランス、中国でも貧しい層が支払った税金が援助に使われていることになる。当然こうした人々から見れば、対外援助やその前提となるグローバルな連帯はおもしろくない。彼らは自らを豊かだと思っておらず、また多くの国でその生活水準や行政サービスは近年劣化している。だからグローバルな開発にお金をまわすより、国内の困っている人々を助けるために税金を使うべきだ、と主張する。

それに加えて、豊かな国は対外援助をする一方、対外援助の恩恵を受ける貧しい国の富裕層は何の負担も求められない。富裕層に対する税金の一部で対外援助をまかなうことで、こうした状況を変えることができる。世界中の富豪は出身国にかかわらず貧困や気候変動問題を解決するために負担を求められるようになる。それ以外の人々はたまたま先進国に住んでいるからといって、こうした世界的課題の解決に税金の拠出を求められることはなくなる。一部の国が「与え」、他の国々が「もらう」というポスト植民地主義的発想と決別し、世界中の最も豊かな人々が最も貧しい人々を助けるという仕組みによって、グローバルな開発は真にグローバルな連帯を示す取り組みとなる。

対外援助に積極的な国の場合、グローバル開発に拠出を求められる金額が、現行の援助額を下回ることもある。たとえばノルウェーの二〇一八年の対外援助は四四億ドル[50]で、これはぼくが提案する仕組みの下でノルウェーに求められる拠出額の四倍に相当する。このようにすでに国際的な期待を上回る貢献をしている援助に積極的な国々が、その金額を減らすとは考えにくい。富裕層に求められる以上の貢献を国家がしてくれるのは大歓迎だ。

ただほとんどの国は、負担額を増やさなければならなくなる。最も負担が増えるのは、現在豊かな国のなかでもとりわけ援助に消極的なアメリカだ。アメリカの一五四〇万人の富裕層が収める富裕税の半分は一三〇〇億ドルになる。偶然にもこれは国連が豊かな国の援助目標として定める、国民総所得（ＧＮＩ）の〇・七％という水準に合致する。イギリスなど複数の国は、すでにこの水準を超えている。しかしアメリカの援助予算は二〇一九年に三九三億ドルと、ＧＮＩの〇・二％にすぎない。富裕層から集めた税金の一部を国際社会に拠出してほしいという説明は、アメリカに負担を求める根拠として通りやすいだろう。

各国が集めた富裕税の半分をグローバル開発に拠出することは、あくまでも期待であって義務ではない。拠出をうながす手段として、国連での投票権と紐づけするという考えもある。残りの半分は、各国政府が好きなように使う。他の税金を減らす、あるいは公共サービスを充実させる財源として使ってもいい。いずれにせよ最大の受益者は、豊かな国の貧しい人々だ。この仕組みを正しく伝え、実行に移せば、グローバリズムに最も強く反対している人々に、国際協調は自分たちのためにもなるのだと納得してもらうのに役立つはずだ。

国際的な資産データベースをつくろう

こうした提案を実行に移すためには、解決すべき技術的課題もいくつかあるが、最も重要なのは政治的意思の醸成だ。多くの国で国民の大多数が声を大にして政府に実現を求めれば、国際版の「配賦方式に基づく合算課税（UT－FA）」、国際的な資産データベース、富裕層に対する最低課税がそれほど遠くない将来実現するだろう。実務的に最も難しいのは世界的な資産データベースの構築だが、すでに指摘したとおり、それは世界共通の富裕層への最低課税が実施されるか否かにかかわらず必要なことだ[51]。

そうしたデータベースができれば、既存の国際機関あるいは新たな機関に管理を委ねればいい。さらに登録された一〇〇万ドルを超える資産を保有する人々から実際に最低課税が徴収されているか、定期的に確認する監視システムも必要になる。政治的意思さえあれば、そうした監視システムを作るのは難しくない。

最後に、違反者にはどう対処すべきか、という問題がある。ルールを無視したタックスヘイブンや政治家が得をしないように、無視した場合には重大なペナルティを課す必要がある。ここでもカギとなるのは政治的意思だ。国と国が相互に結びついたグローバル経済では、どの国においても経済的に完全に孤立するコストは、タックスヘイブンの地位を維持した場合の利益を上回る。グローバル経済のルールには富裕層への確実な課税が含まれており、ルールを守らない国は排除する、と国際社会が決定すれば、あえてルールに背こうとする国はまずないだろう。国際社会から離脱すれば、富裕層の移住先としても魅力を失うことになるので、頑なに抵抗を続ける動機はなくなる。

歴史を振り返ると、公平に税を集め、それを正しい目的に使うよう求める民衆の抵抗から、国家は生まれてきた。経済のグローバル化のすばらしい成功によって、グローバル国家の誕生も現実味を帯びてきた。しかしグローバル体制がエリート層に負担を逃れる選択肢を与え、世界の最貧層と豊かな国の恵まれない市民への投資を怠っているかぎり、崩壊の危機を脱却できない。

世界中の人々が不平等と富裕層の税金逃れに怒りを抱いているが、勝者の支配するグローバル体制に問題の解決能力があるとは思っていない。

代わりに支持を集めているのが、孤立主義や外国人排斥を訴える政治家だ。真の国際税制改革に向けた政治的意思を生み出す妨げとなっているのは、グローバル化の恩恵を受けつつ、その負担を逃れようとする近視眼的な富裕層だ。

必要なのはフランス革命の教訓を学び、グローバリズムの恩恵が消し飛ぶ前に、それを多くの人と分かち合うことだ。

第７章 システムを支えるルールを公平に

――第６の原則

「未来にわけ入り　見えるかぎり遠くに目を凝らし
世界のこの先の姿と　来るべきすべての奇跡を見た
（中略）
陣太鼓は鳴りやみ　戦旗はたたまれる
人類の議会　世界の連邦が生まれる
そこでは人々の良識が畏怖をもって尊ばれ
世界は普遍の法に抱かれ　穏やかにまどろむ」
――アルフレッド・テニソン「ロックスリーホール」（一八四二年）

この詩が書かれた一九世紀なかば、「人類の議会」は夢見がちな詩人の空想にすぎなかった。いわばジョン・レノンの「イマジン」のビクトリア朝版だ。

ただその一〇〇年後、第二次世界大戦が終わろうとするときには、もう少し現実味を帯びていた。アメリカのハリー・トルーマン大統領は青年のころから、テニソンの詩「ロックスリーホール」のこの一節を記した紙片を胸ポケットに入れていたとされる。国連の創設にこぎつけるまでの厳しい交渉に臨むあいだも、紙片はずっとポケットにあった。[1]

アメリカが戦時の高揚感に包まれていたこの時期、国際協調は党派を超えた重要課題だった。ルーズベルト大統領は第二次大戦の連合国とともに国連を創設する計画を温めており、また一九四〇年の大統領選でルーズベルトに敗れた共和党のウェンデル・ウィルキーも、遊説中は同じ構想を語っていた。[2]

一部のエリート層だけがグローバリズムを推進していたわけではない。政治家の立場は国民と一致していた。世論調査ではアメリカ人の八〇%以上が、平和を守る権限を持った国際機構にアメリカが参加することを支持していた。[3]

ただルーズベルトの突然の死を受けて、一九四五年に国連の創設に向けたサンフランシスコ会議を仕切ることになったトルーマンは、テニソンの言うような「世界連邦」までは提案しなかった。

そこで合意されたのは、個々の国民国家が引き続き完全な主権を維持する、より控えめな計画だった。そして強制力を持った世界政府の代わりに、加盟国による協議を運営し、合意されたプロジェクトを遂行する事務局となる国連組織を設立した。

すべての重要な意思決定は国民国家による投票でなされる仕組みになったが、強大な権限を持った安全保障理事会の設計によって、武力行使については戦勝国の五カ国が拒否権を握ることとなった。

事務局を率いるのは大統領でも最高責任者でもなく、事務総長（セクレタリー・ゼネラル）と決まった。以来、その人選においては「ゼネラル（将軍）」より「セクレタリー（秘書官）」の資質が重視されるようになった、と言われる。

失われた「国連への期待」

この比較的控えめなグローバル・インフラでさえ、構築されたのは奇跡に近い。冷戦期を通じて、大国のあいだで合意を取りつけ、平和を守るという国連の目的は、どうにもうまくいかなかった。

東欧で共産主義が倒れると、国連が平和主義的な国際体制の中心となり、武力行使という最も難しい分野でも協調行動が可能になるという期待が再び高まった。一九九一年から九三年にかけて、それまでライバル国同士が拒否権を行使しあって永遠の膠着《こうちゃく》状態にあった国連安全保障理事会は一八五件もの決議を採択した。これはそれまでの四六年間の実に四倍のペースだ。[4] 二〇〇五年には安全保障理事会の拡大など、国連をより時代に即した代議的で公平なものに変革する試みもあった。[5]

いまではそうした熱はすっかり冷めている。ドナルド・トランプ大統領は国連のような国際機関を介さず、二国間交渉を通じて国益を追求する姿勢を鮮明にしてきた。さらに国連への拠出を大幅に削減するという脅しもかけた。本書執筆時点では、トランプ大統領が世界貿易機関（ＷＴＯ）紛争裁定委員会の裁判官の指名に拒否権を発動し続けているため、ＷＴＯそのものが崩壊の危機に瀕している。[6]

近年のアメリカ国連大使のなかで最も敵対的で頑なな人物と評されたジョン・ボルトンは、二〇〇五年の安全保障理事会改革をつぶした張本人だが、現在はアメリカの国家安全保障担当補佐官に就任している。

ロシアも独自に地理的勢力圏を確立しようとしており、それを脅かすような国連の動きには拒否権を行使するかまえだ。

長年にわたって国際協調や国際機関を熱心に支えてきた日本までが、近年は軍事力を強化しており、国連がこのまま改革をしなければ妥当性を失うのではないかと疑問を投げかけている。[7]

こうした状況では、第二次世界大戦直後には実効性のあるグローバル体制への支持はきわめて強く、創設された当初の国連が世界をもっと強く連帯させる仕組みになっていなかったことに世界中の人々が失望した、という事実は忘れられがちだ。第一次世界大戦後に誕生した国際連盟が機能せず、ほんの数年後に再び世界規模の戦争が起きてしまったという挫折を踏まえ、多くの人が確固たる権限を持った組織の創設を望んでいた。

サンフランシスコ会議の最終合意は、政治的現実の前に控えめなものに落ち着いたが、アメリカのトルーマン政権は最終文書をまとめるうえで主導的役割を果たし、大統領自身も一九四五年の文書をさらなる連帯への第一歩と見ていた。五〇カ国の代表が何週間もかけて国連憲章をまとめあげた会議の閉会の辞で、トルーマンは国連憲章を合衆国憲法になぞらえた。

わが国の憲法も今回と同じように、ことなる見解を持つ代表者が一堂に会して作成しました。（中略）合衆国憲法が採択されたとき、それを完璧だと思っていた人はひとりもいませんでした。しかし憲法はその後成長、発展、充実していきました。そしてこの憲法という土台の上に、より大きな、より良い、より完璧な連邦が構築されたのです。この国連憲章も合衆国憲法と同じように、時間の経過とともに拡充され、改良されていくでしょう[8]。

未完の世界革命

国連体制を支持する人の多くは、何とかいまの難局を無事に乗り切ってほしいと願っている。かつて国連の副事務総長、世界銀行副総裁、国連開発計画（UNDP）の責任者を歴任したマーク・マロックブラウンはぼくとのインタビューで、国連改革の見通しについては悲観的だと語った。マロックブラウンは二〇〇五年の国連システムの改革に深く関与しており、二〇一一年には国連改革についての著書『未完の世界革命（*The Unfinished Global Revolution*）』（未邦訳）も出版している[9]。

自らの在任中に実施された、平和維持理事会と人権理事会の創設という二大組織改革については失敗だったと彼は振り返る。しかしそれ以上に重大な失敗は、国連組織のなかでも最も強力な権限を持ちつつ、最も不公平な仕組みになっている安全保障理事会の改革について何の合意もできなかったことだという。

「安全保障理事会の改革は見送られ、その活動レベルはまた国連史上最悪の水準まで低下してしまいました。かつてわずかに存在していた改革の機運や支持も、いまではすっかり消え失せてしまった。グローバル化そのものが危機に直面しており、その流れに巻き込まれるかたちで消失してしまったのです[10]」

ただこのように現状を悲観しつつ、マロックブラウンはまったく諦めたわけではない。「最終的には世界の統合を求める立場が勝ちますが、それは長い、何世代にもわたる闘いになります。そのためには共通の文化を醸成するところからはじめる必要があるのです」と、いまでも確信している。

もっと公平な国際体制を実現するのに必要な条件はまだ整っていない。困難な改革に必要な政治的意思を生み出すには、より強固な世界的な連帯意識が必要だ。

一九四五年のように、世界の指導者たちが再び悲惨な戦争の後始末をしなければならない状況に陥るまで、それは実現しないのかもしれない。私たちはそんな事態にならないことを望み、できるだけそうした危険を回避するため努力しなければならない。

それこそが本書の目的だ。より良い世界秩序を実現する政治的意識を生み出すにはどんな社会運動が必要か、じっくり考えよう。変革が難しいからといって、現状を容認するのはまちがいだ。いますぐ国際的な政治システムを改善するのは困難かもしれないが、公平な国際政治秩序の実現は、責任あるグローバリストの最重要課題のひとつだ。不公平な現行体制への支持を集めようとしても、土台無理だ。いまの私たちにその力がないとしても、グローバリストはより公平な体制の実現を訴えていく必要がある。

「世界政府」は危険なのか

国家の重要な特徴のひとつが、独自の政府を持とうとすることだ。ただ国際的連帯や協調を支持する一方、世界共通の単一政府という構想に不安を感じる人は多い。

国際政治学者のアン・マリー・スローターは「(世界政府の)大きさや広がりを考えると、個人の自由への重大な脅威となるのは避けられない」と主張する。[11]「世界政府の名の下に、中心となる機関が画一的支配を押しつけてくること」を懸念しているのだ。[12]

クワメ・アンソニー・アッピアもグローバル国家には否定的だ。「制御不能な力を容易に蓄え、重大な害悪を引き起こすリスクがある。地域的ニーズへの対応が悪くなるうえに、さまざまな制度的実験も行われなくなり、人類が学習する機会が減るのはまちがいない」というのがその理由だ。[13]

こうした議論はもっともらしいが、誤っているとぼくは思う。あらゆる政府には個人の自由を脅かす可能性があり、制御不能な力を蓄え、重大な害悪を引き起こすリスクがある。歴史を振り返れば、あるいは今日の世界を見れば、そうした例はやまほどある。スローターもこの点は認めており、政府は人間の生活に不可欠だが、危険でもあるという「ガバナンス・ジレンマ」を指摘している。[14]だからといって、あらゆる政府を廃止すべきだと主張する者はない。

第４章で述べたとおり、将来的にも国家権力の大部分は国民国家レベルにとどめることは可能だし、またそうあるべきだ。つまりグローバル体制が地域的ニーズに対応しなくなる、あるいは制度的実験が減るということはないはずだ。

グローバル政府という構想が拒絶されるのは、うまくいくはずのない「歪められたグローバル政府像」を唯一の選択肢と考えているためではないかとぼくは思う。グローバル政府を論じる人の多くは、それを国民国家の政府と完全に同列にとらえているようだ。そしてそんな仕組みが世界規模で機能するはずがない、だからグローバル政府は成立しないと結論づける。

たしかに国民国家の政府のモデルを世界規模に当てはめようとしても、うまくいかないだろう。アメリカの各州が受け入れている連邦政府というモデルでさえ、あまりに制約が多く、適用できない。ただグローバル国家にどんな政府が必要かを考えるとき、既存の政府のかたちにとらわれる必要はない。

人類がめざすべき「新しいグローバル政府」

マックス・ウェーバーが提唱した、時代を超越する「国家」の定義がある。「特定の領土内での合法的武力の使用について、独占的決定権を持つ共同体」だ。[15] そして「国家を統治する権限を持つ」のが政府ならば、[16] 政府とは合法的武力の使用について独占的権限を持つ組織である、というのが正しい定義となる。

人類が目指すべき新たなグローバル政府と、既存のグローバル体制との決定的違いはこの点だ。現在は個々の国家が完全に独立した軍事力を持ち、自衛などの目的で勝手に使用する権利を持っている。一方グローバル政府は、合法的に武力を使用できる権限を独占的に持つ。もちろん都市が独自の警察を擁するのと同じように、国民国家が引き続き独自の軍を保有することは可能だが、それを自らの一存で動かすことはできなくなる。

グローバル政府に合法的武力の使用以外にも何らかの独占的権限を与えるかどうかは、メリットの有無に応じて検討すればいい。国民国家で構成される、実効性のあるグローバル機構ができ、その集団的承認のない武力行使はすべて違法となれば、グローバル政府は実質的に実現したことになる。

その原形はすでに国連安全保障理事会というかたちで存在している。だが残念ながら安保理は公平でもなければ実効性もなく、また誰が見ても唯一無二の正当な意思決定者とはいえない状況だ。それを是正するのはきわめて難しいが、実現できたとして、それによって個人の自由は脅かされるだろうか。画一的支配の押しつけにつながるだろうか？

グローバル政府に期待する人々

グローバル政府は実現不可能、あるいは好ましくないという見方が存在するもうひとつの重要な理由は、多くの人がいまの政府にそれなりに満足していることだ。現行体制が大勢の死や苦しみを引き起こしているといっても、それはどこか遠くの、自分とはかかわりのない人々の話だと思っている。

とりわけアメリカのような強力で、それなりに統治が機能している国の住人は、グローバル政府という構想に不安を感じる。彼らから見れば、現状を大きく変えることにはリスクがある。これまで統治がうまくいっていない、あるいは政治体制がことなる国々と手を組むというのであれば、なおさらだ。

ぼくがインタビューをしたアメリカやヨーロッパの人々が頻繁に口にしたのは、中国の規模を考えると、グローバル政府とは中国による支配、すなわち民主主義の終わりを意味するのではないかという懸念だ。

一方、統治が機能していない、あるいは崩壊している国々では、グローバル政府への期待はもっと大きい。他国から侵略された国、内戦に陥った国、あるいは少数民族が迫害される国で苦境にあえぐ人々は、グローバル機構に庇護を求めることが多い[17]。なぜ世界はこんな状態を放置できるのか、と。

しかし彼らの人権を守ってくれる信頼性のある制度は存在しないことが多い。グローバル政府が誕生すれば個人の自由が脅かされるのではないかといった懸念は、いままさに一切の自由が存在しない体制下で生きている人々には空虚に響く。

世界の大多数の人はそうした厳しい状況に置かれておらず、比較的信頼できる政府の下で暮らしているので、おそらくグローバル政府の創設には同意しないだろう。マロックブラウンも指摘するように、彼らが国連に送っている代表は、現行体制を深化あるいは拡充することにまったく乗り気ではない。

しかし残念な国際政治の現状にひきかえ、グローバル体制を強化することへの一般の人々の支持はかなり強い。第1章で見たように、国際社会調査プログラム（ＩＳＳＰ）ではアメリカ、ドイツ、日本、メキシコから南アフリカ、インドにいたるまで、調査対象となった三三カ国のすべてにおいて大多数の人が「環境汚染など特定の問題については、国際機関に解決策を強制する権限を持たせるべきだ」と考えていた。また調査会社コムレスが二〇一七年に、世界人口の半分を擁する国々に住む八〇〇〇人を対象に実施した調査では、大多数が「グローバルな問題を解決するため、新たな超国家的機関に強制力を持たせるべきだ」と回答した。

びっくりするような結果だ。いずれの調査も、世界政府が実現可能だと言っているわけではない。しかし大多数の人が、グローバルな解決策を必要とする問題が存在すること、既存の体制には重大な欠陥があること、それをうまく機能させるには何らかの強制力が必要であることを理解しているのは確かだ。

この点でとくに重要なのは環境問題だ。気候変動はすべての国に同じようにダメージを与えるわけではないが、豊かな国も貧しい国も、そして統治が機能している国も無法国家ももれなく影響を受ける。孤立主義ではこの問題を解決できない。一般の人々がこうした事実に気づいているという事実は、グローバルなガバナンスを強化する手段をしっかり考え、きちんと説明すれば、多くの国の人々の支持を勝ち取ることができるかもしれないという希望を抱かせる。

ルールかパワーか

難しいのは、超大国も従う気になるようなシステムをどう設計するかだ。国際秩序を重視する人々は「ルールに基づくシステム」という言葉を好んで使う。しかし世界の強国は、いまだにルールに従うつもりはないようだ。唯一の例外は世界貿易機関（ＷＴＯ）で、ルールを破った国に罰則を科す、実効性のある仕組みを構築している。ドナルド・トランプ政権がＷＴＯをつぶそうとしているのはまさにこのためだ[18]。

アメリカとイギリスによるイラク侵攻、ロシアによる不正なウクライナ侵攻とクリミア併合、そして中国による南シナ海での活動などは、国連安全保障理事会の常任理事国でも、自らの国益にかなうと思えば国際ルールもそれを支える国際機関も平気で無視する現実を示している。

国際システムの「ルール」のなかでもとりわけ不公平さが際立つのは、一部の国だけが核兵器の保有を許され、他の国々は許されないとする決まりだ。ぼくは核拡散を支持するつもりは毛頭ないが、「ルールに基づくシステムを堅持する」という理由で、核保有を試みる国々に厳しい処罰を科そうとするのが、人類史上唯一核兵器を使用したことのある国だというのは、どうにも違和感がある。しかもアメリカとその同盟国が秘密裡に、また非合法的にイスラエル軍の核武装を支援したというのは周知の事実だ。

ルールの不公平さを正当化する根拠として言われるのは、「現在の核保有国のほうが、新たに核保有を目指す国々より人権を尊重している」という主張だ。まあ、そうなのかもしれないが、他国が不公平さを感じるのはやむをえないだろう。

他国を恐れる必要のない世界の強国にとっては、一貫したルールはことごとく自らの独立性を侵害するものに思える。二〇一八年九月の国連総会での演説で、ドナルド・トランプ大統領が世界から集まった指導者たちに語ったのは、まさにそうした内容だった。

「アメリカを統治するのはアメリカ人だ。（中略）われわれはグローバリズムのイデオロギーを拒絶し、愛国主義の原則を貫く。（中略）世界中の責任ある国家は、グローバルなガバナンスだけでなく、さまざまな形態の強制や支配による主権の侵害に抗うべきだ」

しかし歴史を振り返ると、長い目で見れば超大国にとっても、弱肉強食よりルールに基づくシステムのほうが国を守る手立てとして有効であることがわかる。一八世紀初頭のインドのムガル帝国や中国の清王朝の支配者を、国際秩序に従うよう説得するのは困難だったはずだ。このふたつの大帝国は人口でも経済でも世界で圧倒的規模を誇り、何世代も続く王朝は永遠に続くかに思われた。

一七九三年の時点でも清朝第六代皇帝の乾隆は、イギリスとの自由貿易という案を一蹴した。「われわれの生産物と引き換えに、蛮族の生産物を輸入する必要などひとつもない」ためだ。ルールに基づく国際システムを模索するどころか、乾隆は英国王ジョージ三世に臣下に宛てたような書簡を送っている。

「打ち震えて服従せよ。決して義務を怠るな[19]」

しかし今日の強力な大国も、明日には弱者として虐げられる立場になることもある。一九世紀になるとインドは植民地化され、中国はイギリスをはじめとするヨーロッパ列強の仕掛けた「アヘン戦争」で屈辱的敗北を喫した。日本とドイツもその後、同じ教訓を学ぶことになった。どちらも二〇世紀の前半は自らの力を頼みに増長したが、その後は反動で完膚なきまでに破壊しつくされた。以来、両国は多国間協調路線を熱心に支えてきた。アメリカ、ロシア、中国は依然として、いかなるルールよりも自らの力に信を置いている。アメリカでは国連をはじめ、いわゆる「ルールに基づくシステム」をバカにするトランプ大統領の言動に眉をひそめる向きもあるが、表向きは意見の相違があっても、根底にはアメリカは他国と対等になるより特別な立場を維持するよう努力すべきだという党派を超えた合意がある。

それはたとえば一九八六年に国際司法裁判所から、ニカラグアの反政府勢力を秘密裡に支援したことを違法とされたにもかかわらず判決を無視したこと、あるいは二〇〇二年に設立された国際刑事裁判所にいまだに加盟していないことにも表れている。こうした決定を覆そうと真剣に努力した政権はひとつもなかった。ジョージ・ブッシュ大統領の「新帝国主義戦略」を痛烈に批判し[20]、リベラルな国際主義者として知られるジョン・アイケンベリーまでが、国際協調を強化する大きな目的のひとつは「アメリカの覇権を取り戻すことだ」と公言している[21]。覇権（とりわけまったく実現の見込みのない覇権）を目指すことが、ルールに基づく国際秩序の確立という目標に矛盾することは、まだ理解できないようだ。

「自由」はルールの下に生まれる

「自由とは好き勝手に武力を行使する権利だ」という考えが誤りであることを示す例は歴史上たくさんあるが、それを改めさせるのはとても難しい。

ぼくにとって最も説得力のある事例は、父の母国であるイラクを「解放」すると称する軍事介入だ。イラク侵攻は「イラクの自由作戦」の名の下に行われ、有志連合とそれを支持するジャーナリストや評論家は、イラクの人々が味わっている苦しみは「自由」を手に入れるための正当な対価だと言い続けた。

しかし自由と混乱は別物だ。イラク戦争下を生きたぼくのいとこ、叔父や叔母、友人たちはみなサダム・フセイン政権には反対していたが、どんな秩序でも完全な無秩序よりはマシなことに気づくのに時間はかからなかった。

誰かの家族を誘拐する自由は、自由ではない。それによって多くの人が自由に道を歩けなくなるからだ。暴力をふるう自由は、自由ではない。それは多くの人が恐怖に縛られることになるからだ。ジャーナリストを殺害する自由は、自由ではない。それは報道の自由に反するからだ。

だからトランプが各国には好きなように行動する自由があると主張し、それを証明するかのようにアメリカの軍事費が史上最高に膨らみ（年間七〇〇〇億ドル以上）、気に入らない国の政府には脅しをかけて譲歩を引き出すというのなら、私たちは彼の言う自由とはいったいどんなものか、あらためて考えたほうがいい。

真の自由は、すべての国がリベラルだが強制力のあるルールに従うところから生まれる。それによってすべての国が自らの正当な国益を追求する一方、他国の自由を侵害するのを防ぐことができる。国民国家を尊重し、守ることのできるグローバル体制とは、そういうものだ。そのためには今日の横暴な強国が、自らの国益に対する認識を改める必要がある。

スコットランド独立問題の本質

長い目で見れば、希望はある。組織はメンバーの自我が原始的状態から進歩するにつれて、それを反映するかたちで変化することもある。

前章で見たとおり、西ヨーロッパでは国家が徴収する税金の割合が増えていくのにともない、国家意識や代議制政府が少しずつ形成されていった。国家意識の高まりは、強靱で公平な政府組織を生み出す大きな推進力となることを、歴史は証明している。この真理を一八六四年に指摘したのはジョン・スチュワート・ミルだ。

「ことなる国民が併存する国家で、自由な制度をつくるのは不可能に近い。同胞意識の欠如した人々、とくにことなる言語を読み書きする人々のあいだに、代議制政府を機能させるのに必要な統一的世論は存在しえない[22]」

一見、公平なグローバル体制を目指すのは不毛だと言っているようだ。しかしミルは国民という概念を、地球上の人々を永遠に隔てる壁とはとらえていなかった。むしろ「人類のなかで共感によって結ばれている一群は、一個の国民を形成するといえる」と語っている。[23] さらにことなる言語、民族、宗教が単一国家のなかに共存することは可能である一方（例として挙げたのはスイス）、言語、民族、宗教、さらには政府まで共有していてもひとつの国家にはなれない場合もあること（ここで例に挙げたのはナポリとシチリアで、どちらも現在イタリアという国家の一部になっているのが興味ぶかい）を説明している。つまり国家（国民）という意識が芽生えてはじめて、代議制政府が誕生しうるというのだ。

ミル自身の母国であったイギリス、あるいはイングランドのケースを考えてみよう。スコットランドはかねてから独自の国家だと主張してきた。そうだとすれば、ミルの見解によるとイギリスに代議制政府は成立しえないので、スコットランドは独立国家となるべきだ。反対にイギリスが国家であるならば、スコットランドはそこに帰属する一地域となる。国家あるいは国民意識の境界は、いったいどこにあるのか。これこそがスコットランド独立問題の本質だ。

二〇一四年、スコットランド人は国民投票によって、この問いに答える機会を与えられた。その結果、イギリス国家に帰属すると考える人が過半数を占める一方、そうではないと考える人も相当数いた。

あいまいな結果に思えるかもしれないが、それも当然だ。アイデンティティというのは本来流動的で、絶対的なものというよりグレーな領域にあることが多い。すでに指摘したように、ヨーロッパ全体を見てもほとんどの人のアイデンティティは、自らの住む地方と国民国家に半々に分かれている。

こうした状況に絶望する必要もない。イギリスの統治の仕組みの変化を見ると、自国のアイデンティティの複雑さにうまく向き合う柔軟さを備えていることがわかる。スコットランドには独自の代議制政府があり、それと同時にイギリス政府の一角も占めている。イギリスは「だいたい」ひとつの国家で、スコットランドもまた「ほぼ」国家だ、という現実にうまく合致している。人々のアイデンティティが変化するにつれて、この仕組みも私たちが生きているあいだに再び変化するかもしれない。

エチオピアの悲劇

同じように国際的な政治体制も、グローバル・アイデンティティが形成されるのにともなって変化していくだろう。世界中の人々の信頼感や連帯感がいまよりずっと深まる前に、現在のグローバル・ガバナンス体制（完全に独立した国家同士の協力によって共通の利益を管理する状態）から、グローバル政府（国際機関が合法的な武力行使について独占的権限を持つ状態）へと移行すべきではない。個人のレベルで連帯感が醸成される前にグローバル政府を押しつければ、アン・マリー・スローターやクワメ・アンソニー・アッピアが恐れる忌まわしい怪物になる。そんなふうに国民国家が形成された地域では、個人の自由が犠牲になった。

最たる例がエチオピアだ。

エチオピアが現在のかたちになったのは一九世紀末、当時アビシニアと呼ばれていた同国を皇帝メネリク二世が拡大したときだ。メネリク二世はさまざまな民族を征服し、そのなかには何世紀にもわたって他民族の支配下に置かれたことのないオロモ族も含まれていた。

それから一世紀にわたり、アビシニア（アムハラ族とティグライ族）の文化だけに基づいて、エチオピアの国民的アイデンティティを構築する試みが進められた。人口の三分の一から半分をオロモ族が占めていたにもかかわらず、だ。社会学者のメクリア・ブルチャの言葉を借りれば「オロモ族の人々がエチオピア人として認められるには、自らの過去を完全に忘れ、文化や言語を放棄し、オロモ族であることをやめなければならなかった[24]」。

二〇世紀の大半を通じて、同化政策は力によって強制された。オロモ族のうち十分同化したと見なされた少数派は「yeselettene（文明的）」と評され、アムハラ族の色に染まらなかった大多数は「yemeeda（野蛮）」と言われた。

当然ともいうべきか、エチオピアでは長期間にわたって武力闘争が続いた。非西洋の人々に「西洋化」を求めつつ、完全なメンバーとしては受け入れない今日の「西洋的」グローバル化に通じるところがある。

エチオピアでは政府の政策によってオロモ族の文化や言語が滅びることはなく、一九九一年に軍事政権が倒れると、オロモ語はエチオピアの各地で共通語となった。現首相のアビィ・アハメドはオロモ族とアムハラ族の血が半分ずつ入っており（オロモ族の血を引く初の首相）、力ではなく合意によって真にインクルーシブな国家を創ることで、失われた時間を取り戻そうとしている。[25] 容易なことではないが、二〇世紀の抑圧的政策よりは成功する見込みは高そうだ。

グローバル・ガバナンスをどう改善するか

このように考えると、いま私たちが優先すべき目標は、グローバルなガバナンス体制を、世界中の人々に芽生えつつあるグローバルな国民意識に見合うものにすることだ。いまのガバナンス体制はきわめて未熟だ。グローバル・ガバナンスを改善する方法については、さまざまな提案が出されている。

近年最も注目を集めたのは、アン・マリー・スローターが二〇〇五年の著書『新たなる世界秩序（*A New World Order*）』（未邦訳）のなかで提唱した「政府間ネットワーク」の構想だ。スローターが思い描いたのは、各国の官庁がそれぞれ他国で同じような役割を担い、同じような問題に取り組んでいる官庁とネットワークを形成する「分散国家」から成る世界だ。たとえば司法省の国際ネットワークは協力して司法制度を調和させ、犯罪者を追跡する。財務省の国際ネットワークは（たとえばG20のような枠組みを通じて）経済政策を協調させ、立法府の国際ネットワークは法律制定の仕組みの共通化を議論する。

こうしたネットワークができれば、グローバル・ガバナンスを強化するのに役立つだろう。最大の利点は、さまざまな国の官僚のあいだに共通の文化が醸成されることだ、とスローターは指摘する。これはまさにグローバル国家に向けた第一歩だ。しかしネットワークは万能ではない。

スローターがネットワークの有効性を説明するのに挙げた事例が、まさにその限界を物語っている。政府間ネットワークが存在すれば、二〇〇三年のアメリカによる侵攻後にイラクを再建するのに大いに役立ったはずだ、とスローターは主張する。

たしかにそうかもしれない。だがそれは木を見て森を見ずの議論だ。イラク侵攻は現在の歪んだ世界秩序が引き起こした悲劇そのものだった。司法、貿易、あるいは立法の国際的ネットワークがあれば、混乱収束に役立ったかもしれないが、戦後のイラクが抱えていた宗派対立の激化という最も重大な問題は解決できなかったはずだ。何より重要なこととして、そもそも有志連合による侵攻を止める力は、こうしたネットワークにはなかったはずだ。

公式な国際機関や非公式な政府間ネットワークなど、現在のグローバル体制は議論の場として先例のないような規模と機能性を備えている。それによってすばらしい進歩が実現してきた。共通の問題があれば対策について合意を形成し、ともに解決するといったことも、かつてないほど行われるようになった。三〇年足らずで絶対的貧困は半減した。私たちが生きているあいだに、一日二ドル未満で暮らす人の数はゼロになり、パンデミック（世界的な伝染病の大流行）のリスクは回避できるようになり、誰にとっても恩恵のあるような貿易協定が常に結ばれているような状態が実現する可能性も十分ある。

しかし国民国家が政府間ネットワークのソフトパワーを無視して、他国に危害を及ぼす行動をとるケースもあるという事実は認めざるをえない。影響力のあるネットワークだけで、真の秩序を支えることはできない。

とりわけ現在、国民国家が他国に害を及ぼしても咎《とが》められない重大な分野が四つある。環境汚染、タックスヘイブン、難民受け入れの拒否、そして不当な武力の行使（サイバー戦争を含む）だ。それぞれにおいてグローバル体制は、ルールの強制力を強めていく必要がある。

結局のところ、気候変動にかかわる協定を履行するのも、税制に関する国際的合意に従うのも、難民を支援するのも、すべて経済にかかわる問題だ。[26] ルールの順守をうながす最善の方法は、関税や制裁を通じて違反国に経済的圧力をかけることだ。そうすれば違反国も、ルールを守るほうが得だと考えるようになるだろう。

そうした仕組みはEU、アメリカ、中国という世界の三大経済圏が支持しなければ機能しない。三大経済圏が国民からの突き上げを受けて、この三つの問題について国際ルールに従うことを通商条件に加えれば、どの国にとってもルールを破るコストはきわめて高くなる。

現時点では、およそ実現性のない話に思える。アメリカは気候変動問題に消極的になっている。EUの投票権を持つ加盟国には、タックスヘイブンのルクセンブルクが含まれている。中国は難民の受け入れにきわめて消極的だ。しかし時間が経てば、前進が見られるかもしれない。アメリカには強力な環境保護団体が存在するので、将来的には環境問題に積極的な政権が誕生する可能性もある。EUでは主要な加盟国のすべてにおいて税金逃れが重要な課題となっており、ルクセンブルクに圧力をかけてEU全体の姿勢を変えていくことも考えられる。中国政府はシリア難民をほとんど受け入れていないが、世論調査では国民の大多数が受け入れに賛成している。[27]

グローバリストがこうした問題について、国際ルールに強制力を持たせることが自国を守るためにも必要だ、と説得力をもって主張できれば、膠着状態は徐々に解消していくかもしれない。

最も早く前進が見られるのは、気候変動問題だろう。そこで国際的な強制力という概念が確立されれば、他の分野でも取り組みが進むきっかけになるかもしれない。

最後に残るのは、国際的ジレンマのなかでも最も難しい、武力の行使をどうコントロールするかという問題だ。ここでも主要プレーヤーの参画なくして進展は望めない。

軍事力の面では、それはまちがいなくアメリカだ。時間の経過とともに世界経済に占めるアメリカの割合が低下すれば、いずれ衰えつつある覇権に固執するか、もっと公平なグローバル体制の実現に向けてリーダーシップを発揮するか、選択を迫られることになる。

新興の強国も同じような選択を迫られる。弱い国々に圧力をかけられる立場を目指すのか、それともいずれ自国の国力に陰りが見えはじめたときでも安全が保障される体制を創るために主導的役割を果たすのか。まだ世界は正論が常に勝つという段階にはいたっていないが、私たちが生きているあいだにそれは実現するかもしれない。

より公平なグローバル体制とは、どのようなものだろうか？

5つの基準

武力の使用をめぐるグローバル・ガバナンスを改善するためには、再び国連の安全保障理事会の改革という難問に向き合う必要がある。特定の国を理事会に追加する、あるいは地域ごとに持ちまわりで代表国を選ぶ制度に変更するなど、さまざまな案が提唱されてきた。[28] 変革の機運が再び高まれば、厳しい交渉になるのは必至だ。ぼくは新たな意思決定システムを評価するための、五つの基準を提唱したい。

ひとつめが「確実性」だ。これはあらゆる政治体制が備えるべき最も重要な特性だ。君主制が明らかに不公平な体制であるにもかかわらず、多くの地域で何千年も続いた理由はここにある。簡単にいえば確実性の要件は、ルールができるだけ固定的であること、そして全員に開示されていることだ。ルール変更のプロセスは明確にしておき、場当たり的な変更は認めない。ルールの書面化は政治分野におけるアメリカの最大の発明といえるが、その目的は確実性を実現することにある。[29]

現在のグローバルな政治システムには、すでにかなりの確実性がある。国連憲章は明文化されている。安全保障理事会のメンバー、非常任理事国の選定方法、常任理事国に付与される特権（あらゆる決議に拒否権を行使する能力）は、すべての加盟国に周知されている。既存システムの変革がどんなものになろうとも、現状よりも確実性のレベルを下げてはならない。特定の国を安全保障理事会の常任理事国に加えるという案にぼくが懐疑的なのはこのためだ。

ふたつめの評価基準は「柔軟性」だ。これも政治体制が対立のリスクを抑えるのにきわめて重要な特性だ。これは君主制の重大な欠陥だった。パワーバランスが変化したり、ルールに基づくシステムによって指導力のない者が指導者となったりしたときに、君主制が往々にして暴力的に倒されたのは、平和的に権力者を交代させる柔軟性が備わっていなかったためだ。近世のイングランド（その後はイギリス）で、議会制が徐々に君主制から真の権力を奪っていったのは、公正さよりも柔軟性という強みがあったためだ。国王ジョージ三世が正気を失っても、国家は比較的問題なく機能し続けた。[30] 世界秩序においても、パワーバランスの変化が既存秩序の暴力的破壊を引き起こさないように、仕組みのなかに柔軟性を埋め込んでおく必要がある。

現行体制には柔軟性はほぼない。[31] 国連が創設された当時、イギリスとフランスは世界経済において大きな割合を占めていた。それに比べていまやちっぽけな存在だが、両国は安保理の常任理事国にとどまり続けている。かつてイギリスに支配されていたインドはその間に独立し、いまでは購買力の面ではイギリスとフランスをしのぐ経済国となったが、依然として常任理事国ではない。こうした柔軟性の欠如によって、安全保障理事会は徐々に無視され、影響力が低下していくリスクがある。二〇一八年の国連総会で日本の安倍晋三首相が演説のなかで警鐘を鳴らしたとおり、そうした事態はすでに起きつつある。[32]

確実性を犠牲にせずに柔軟性を高めるひとつの方法は、人口、経済規模、対外援助への貢献度に応じて各国が意思決定に参加できるように、投票権に重みづけをすることだ。人口を考慮することで、システムは代議的になる。経済規模を考慮することで、実際の影響力を反映できる。そして対外援助を考慮することで、各国はグローバル体制にタダ乗りするのではなく、参加費を払うようになる。

第6章で述べたとおり、ぼくは超富裕層の資産に課す富裕税の一定割合を対外援助の財源とすることが良いと思っている。それ以上援助をしても投票権は増えないことにすれば、どこかの国がカネで不当に影響力を買い集めるのは防げる。

三つめの評価基準は「インクルーシブな意思決定」だ。投票権を重みづけすることで、重要な意思決定により多くの国が参加できるようになる。

現在、戦争と平和にかかわる最も重要な意思決定には、安全保障理事会の一五カ国のメンバーしか参加できない。大多数の国は蚊帳《かや》の外だ。

一方、国連総会は各国一票と決まっている。中国のような大きな国でもグアムのような小さな島でも変わらない。このため総会決議には、世界の人口構造や影響力は反映されない。だからこそ総会決議にはたんなる勧告のような重みしかない。

総会決議にもっと影響力があれば、一国一票システムは国民国家が分裂するインセンティブとなる。大きな国の一部であるより独立国家となったほうが、独自に一票を投じられるようになり、国際的影響力は大きくなるからだ。こうした国家の分裂をうながすインセンティブを持ったシステムは、まちがいなく多くの紛争を誘発する。

総会での投票権に重みづけをすることで、意思決定はいまよりはるかに正当な、そして有意義で強制力を持ったものになる。それと同時に意思決定に実効性を持たせるのに不可欠な、現実との整合性もある。つまり、すべての国が主要な意思決定に参画できるが、発言権は当然ながら国の規模や影響力によって変わる。

こうした体制を整えても、あらゆる意思決定に二〇〇近い加盟国を参加させる必要はない。オックスフォード大学でグローバル化と開発を研究するイアン・ゴールディン教授が主張するように、何十もの利害関係者が合意に達するのは難しいので、テーマに応じて関連する国だけが議論に参加するようにすればいい[33]。

マロックブラウンは安全保障理事会では特定の問題について継続的に状況を精査し、意思決定を下す役割があるので、メンバーは少数にとどめるべきだと指摘する。たとえば理事会が二〇一一年に承認した、リビアで民間人を保護するために武器を使用するマンデート（職務権限）は、三カ月ごとに更新する必要がある。その作業を大規模な合議体で行うのは非現実的だ。

一方、武力行使を承認するかといった最も重要な意思決定には、世界のすべての国を参加させることは可能であり、またそうすべきだ。爆撃、侵攻などの手段で意図的かつ大規模に人命を奪う行為はきわめて重要で、倫理的に問題が多い。世界に幅広い影響を及ぼし、また特定国家の利益に左右されやすいため、メンバーのかぎられた理事会の判断に委ねるべきではない。こうした重大な意思決定に正当性を持たせるには、国際社会全体の合意が必要だとぼくは考える。

四つめの評価基準は「圧倒的多数」だ。あらゆる投票制度において、意思決定にどの程度の意見の一致を求めるかは非常に重要な意味を持つ。アメリカでは一般的な法案は連邦議会の単純多数（五〇％を上回る得票率）で成立するが、憲法の修正には連邦議会の圧倒的多数（上下両院の三分の二）の合意、あるいは州議会の三分の二が憲法制定会議を要求することが必要だ。

イギリスではあらゆる決定が単純多数で成立する。それによって政府の議会運営能力は非常に高くなるが、意思決定の正当性に疑問符がつくこともある。たとえばＥＵ離脱という非常に重要な法案は、かろうじて過半数を上回ったために成立した。

一方ＥＵはあらゆる国がすべての問題について拒否権を持つシステムをとっている。ただそれが多くの分野で前進をはばんでいたことから、近年は一部の決定は圧倒的多数で成立する仕組みへと移行した[34]。

ここに挙げた例をはじめ、投票に基づく制度においては基準の選択が大きな意味を持つ。一般的に合意の基準が高いほど（最も極端な例は、すべてのメンバーに拒否権を与えること）決定の正当性は高くなる。一方、合意の基準が低いほど（単純多数で十分と見なすなど）有効性、すなわち意思決定を下す能力は高まる。

現状の安全保障理事会では、拒否権は一部の国のみに与えられている。この仕組みは公平でもなければ（ほとんどの国が不公平と見ている）、有効性も低い。頻繁に拒否権が使われ、決議が阻止されるためだ。

ぼくは、国連は圧倒的多数の原則に基づいて運営すべきだと考えている。合意の基準は重みづけされた投票権の八〇%など高く設定する。そうすればたとえ中国やアメリカであっても、一国だけで決議を阻止することはできない。ただ大国が何カ国か仲間を集めれば、あるいは小国がそれなりの数集まれば、決議の阻止は可能になる。強国の意に反する決定を押しつけるのは現実的に難しく、この仕組みの下でもそれが可能なのは強国が完全に孤立しているときだけだ。そうならないように地政学的な強国も、他国との同盟関係の構築に努力するようになるだろう。

重要なのはすべての国が、人口と経済規模に応じて公平に扱われることだ。もちろんすべての国に拒否権を与え、意思決定に完全な正当性を持たせることができれば理想的だが、それではルールを犯した国を処罰することは一切できなくなる。国際的な意思決定に多くの国を参画させるには、合意の基準を抑えることが必要になる。

もちろん今日のような分裂した世界では、重みづけした投票権と圧倒的多数の原則を取り入れても、あらゆる問題について合意が成立するとはかぎらない。しかし意思決定システムの有効性（意思決定を下す能力）がいまより低くなる可能性は低い一方、決定の正当性は大幅に向上する。ひとたび決定が下されれば、世界はこれまで以上にしっかりと実行するようになるだろう。


五つめの評価基準は「違いの尊重」だ。あらゆる政治体制において、民主制が機能するか、暴力的な多数派支配に陥るかを分けるのはこの特性である。他者に何の害も及ぼさないかぎり、個人が多数派と違う思想を持つことは許容されるべきだ。それと同じように八〇％という圧倒的多数が賛成したとしても、国際社会が徒党を組んでケニア、エクアドル、モンゴルなどを攻撃したり、あるいはどこかの国民国家の内政に干渉するのは許されない。画一的支配を追求する強引な世界政府の出現をはばむのは、この原則だ。

幸い、グローバル体制には違いを尊重する姿勢がしっかりと根づいており、近い将来それが変わることもないだろう。ここまで述べてきたような原則によって国際社会の意思決定がこれまでより公正なものになったとしても、それを各国に強制するのは依然としてきわめて政治的リスクが高く、徹底は難しく、コストも高くつく。つまりグローバル体制の正当性が高まったからと言って、突如として画一的支配を押しつけるようにはならない。むしろインクルーシブなシステムの下では、各国は同調圧力に屈する必要がなくなる。独自の道を歩む権利を保持し、国民の期待に従い、自らの意志に従って投票するだろう。

違いの尊重という原則に従うと、グローバル体制が主導権を持って取り組むべき場面は三つだけになる。

ひとつめは、すべての国が合意した内容を、きちんと実行させるケースだ。良い例が二〇一五年にすべての国連加盟国が合意し、いまでは共同プロジェクトとなっているSDGsだ。

ふたつめは単一あるいは複数の国家が、国内問題や国境を越える問題の調整や管理をグローバル体制に委任するケースだ。その場合は合意に加わっていない国々に影響を及ぼさないことが前提となる。一例がグアテマラ政府の要請を受けて二〇〇七年に設立された国連機関の「グアテマラの免責に対する国際委員会」だ。グアテマラ政府が深刻な汚職に対処するには、外部からの支援が必要だと判断した結果だ。この委員会がグアテマラでの活動を継続すべきか否かを判断する権利は、グアテマラ政府だけにある。[35]

三つめはめったにないケースだが、強制措置だ。安全保障理事会は経済制裁から武力行使まで、幅広い措置を決定する権限を持っている。武力行使が認められる状況は三つあり、第一は国連憲章の第七章に基づく「平和に対する脅威、平和の破壊及び侵略行為に関する行動」、すなわち国際紛争の防止だ。第二は第一四章の規定のとおり、事件の一方の当事者が国際司法裁判所の判決に基づく義務を履行しないときで、安全保障理事会は「判決を執行するために勧告をし、又はとるべき措置を決定することができる」。第三は、ある国が「虐殺、戦争犯罪、民族浄化、あるいは人道に対する罪」から国民を保護する義務に違反したとき、安全保障理事会はその国の内政に干渉することができる。この「国家が国民を保護する義務」と、それが履行されないときに国際社会が介入する義務は、二〇〇五年の世界サミットを受けて、同年に国連のすべての加盟国が合意したものだ。[36]

つまり安全保障理事会は、本書が必要性を指摘してきたさまざまな強制措置を実行する権限をすでに持っているのだ。武力の行使にかぎらず、気候変動、難民、税制にかかわる協定に違反した国に対する経済制裁も含まれている。[37]これ以上、国際的な強制力の対象に加えるべきものは何もない。世界には今後も軍事独裁政権の続く国もあるだろうが、それは許容されるべきだ。国際社会には、ある国の統治体制が誤っていると判断する権利も正当性もない。司法制度や警察の運営に問題がある国もあるだろうし、それに対してグローバル体制は技術的援助をすべきだが、変革を強制することはできない。

「人類の議会」

確実性、柔軟性、インクルーシブな意思決定、圧倒的多数、そして違いの尊重。以上がグローバル・ガバナンスの改革について再び議論をはじめるにあたって、ぼくが提案する五つの評価基準だ。

いますぐグローバル政府を実現せよ、と訴えているわけではない。国連加盟国は今後も攻撃を受けたときに自力で防衛する権利を持つので、武力の使用を承認する権限を国連が完全に独占するわけではない。国内の犯罪組織などに対する武力の使用も引き続き、国連の承認がなくても正当と認められる。

長い目で見れば、国連改革が実施され、その有効性、正当性、支持が高まるかもしれない。その結果、自衛のための武力行使についても、国連が迅速に承認するようなシステムに移行することも考えられる。国内の犯罪者や平和への脅威に対する武力行使の仕組みについても、各国は国連の定期的審査を義務づけられるようになるかもしれない。そこまで行けば真のグローバル政府といえる。その前段階として、いまのところは本章で提案した五つの原則を実践すれば、世界はテニソンがかつて夢見た「人類の議会」に大きく近づいていくだろう。

第８章 フューチャー・ネーションへ

客人「政治家の進むべき道は、どこにあるのか」
ソクラテス「客人よ、道を探すのはあなたであって、私ではない」
――プラトン『ポリティコス（政治家）』（紀元前四世紀）より

グローバル国家が徐々に出現する可能性はある。

いや、すでにそれに向けた歩みははじまっている。空港のビジネスクラス・ラウンジや国連、世界銀行の会議室のなかだけではなく、世界各国の家庭や何十億人もの心のなかで、グローバルな国民意識は育まれている。

グローバル・アイデンティティはいまも盤石とはいえない。人間の関心は（広がったとしてもせいぜい）国民国家の利益ぐらいだ、とする狭量なナショナリズムは依然根強い。自分の民族、社会階級、あるいは家族しか助ける義理はないというさらに狭量な意識を持つ人もいる。

しかし歴史を振り返れば、固有の歴史やアイデンティティを持った多くのコミュニティが、数十年のうちに固い結束を誇る単一の国家に集約し、その過程でアイデンティティも政治も社会も変わっていくという現象が過去にもあったことがわかる。

それによって家族や地域、階級、あるいは宗教への忠誠心が失われたわけではない。そうしたものを大切にしつつ、国家の利益も大切にするというだけのことだ。

国家という新たな絆は、不当な目的のために利用されたこともあった。しかし人類が民主主義や法の支配を受け入れ、共通の善を実現するために自分の収入の相当部分を差し出す意思を示したのは、強固なナショナリズム意識があったときだけだ。ナショナリズムは国民国家の境界のなかで、集団が直面するさまざまな問題を解決する力となった。現在私たちが抱えるグローバルな問題を解決するためには、この共通の国家という意識をさらに広げていく必要がある。

では共通の国家という概念にまだ抵抗のある人々を、どうすれば説得できるだろうか？

嫌がる人々に国家を無理強いした過去のケースは、たいてい失敗するか、成功しても割に合わないほどの代償をともなった。グローバリズム反対派の説得は、特定の集団におもねるのではなく、現在のグローバル体制が抱える不公平性を是正することを通じて進めるべきだ。

あらゆる人が同じ人類として、真にインクルーシブな視点を持つようにする。

国連の冷淡なＳＤＧｓアジェンダ文書を、心を打つようなミッションに書き換え、「他者」と闘おうとする本能をパンデミック、気候変動、貧困との戦いに振り向ける。

国民国家や民主的な意思決定を尊重し、国民から国家の改革のペースをコントロールする権利を奪わない。

国際協調を通じてあらゆる財産を明らかにし、課税する。

国連をより正当性と有効性のある組織に改革する。

こうしたことが実現すれば、ときにはゆり戻しがあっても、しっかりとした人類の連帯を築くことは可能だと、ぼくは一〇〇％の確信をもって断言する。

「全人類共通の国家」、3つのシナリオ

予測は不可能だが、過去の国家建設の事例を振り返ると、グローバル国家のパラダイムがいくつか想定できる。

本書の締めくくりに、検討する価値がある三とおりのシナリオを提示しよう。どれも実現しないかもしれないし、三つの組み合わせになるかもしれない。いずれにせよ私たちが未来を模索するうえで、必ず参考になるはずだ。

シナリオ1　アラブの歩み

ひとつめのシナリオはアラブ・ナショナリズムの歩みだ。

比較的短期間のうちに、数億人に「アラブ人」という自覚を与え、それが連帯と共通の行動を生み出す有意義な社会的・政治的アイデンティティであるという認識を植えつけることに成功した。すばらしい偉業だ。大衆運動としてのアラブ・ナショナリズムがはじまってから、まだ一世紀も経たない。その当時はモロッコ人がイラクを訪れることも、エジプト人がイエメン人と出会うこともなかった。それぞれが話していたのは、アラブ・ナ

ショナリストが単一言語と称するもののさまざまなバリエーションだが、たまたま顔を合わせたとしても意思疎通には苦労しただろう。

二〇世紀になるまで、「アラブ」とは砂漠の住人を指す言葉だった。つまり民族ではなく、生活習慣を指していたのだ。都市部の住民も、砂漠の民の言語であり、コーランに使われていたアラビア語を話したが、だからといって自らを「アラブ人」と認識していたわけではなかった。

いずれにせよ、都市部の住民には二カ国語を話せる人が多かった。ぼくの曽祖父母のようにオスマン帝国の支配地域に住んでいた人々はアラビア語に加えてトルコ語を話し、北アフリカ（マグレブ地方）出身者にはフランス語やベルベル語を話す人が多かった。だから「アラブ人」という新たなアイデンティティが自分に当てはまるかは、想像力と創造力を使って自ら判断するしかなかった。ぼくの父方の一族では、最初の祖先は一七世紀のオスマン帝国の将軍ということになっていた。トルコ系かと思われたが、古文書をたどったところ一族がイラク北部からイエメンに移住したこと、そしてシュレイファット族という紛れもないアラブ系ルーツを持つことが判明した。

アラブ・ナショナリズムは中東から北アフリカにかけての広大な地域で、アイデンティティを再編するのに大成功した。この結果、この地域に住む人々のあいだに新たな社会的絆が生まれた。ぼくはイギリスで生まれ、父親しかアラブ人ではないが、こうしたルーツを持ち、まずまずのアラビア語を話せるので、モロッコからオマーンにかけてどの国を訪れても、地元の人たちからすぐに良い意味で「仲間」と認めてもらえる。

しかし政治構想としてのアラブ・ナショナリズムは完全な失敗に終わった。

ひとつめの失敗は、インクルーシブではなかったことだ。クルド人や、複数の「アラブ」諸国で人口の大多数を占めるベルベル人は、自分たちをこの新たな民族の一員とは思わなかった。

またシーア派の人々はアラブ人であることは認めつつも、アラブ・ナショナリズムの政治活動には反発した。アラブ・ナショナリズムはスンニ派を中心とするイスラム国家を建設する企てだと見なし（その見方はたいていまちがっていなかった）、自分たちが宗教的マイノリティになることを懸念したためだ。

ふたつめの失敗は、構想の実施方法にあった。

それぞれに特権、利害、支持母体を持つ多くの国の政府システムを、単一のシステムにまとめるのは容易なことではない。ＥＵの漸進的アプローチはフラストレーションのたまるものではあったが、（いまのところは）崩壊を免れている。

それに対してアラブ統一は拙速に進められた。一九五八年にはシリアとエジプトが統合し、アラブ連合共和国が誕生した。しかしエジプトの大統領だったガマル・アブドゥル・ナセルは、決断を急かされたと感じていた。国の中枢を担う人々の人選、権力の力学、役割の配分などをじっくり検討することもなかった。新たな国は三年も経たずに崩壊した。

一方、当時エジプトの最大のライバルであったイラクは一九五八年にヨルダンと組み、連合ハシミテ王国を創設しようとした。しかしこの年の末にはバグダッドで民衆蜂起が起こり、試みは頓挫した。

アラブ連盟は発足こそEUより早いが、数十年にわたって加盟国の政治的差異を埋められず、ほとんど進展がなかった。

今日アラブ・ナショナリズムの名残といえば、社会的連帯意識だけだ。地球上でこれほど戦争、貿易障壁、入国管理が厳しい地域はない。政治協力がほとんど成立しないことから、気候変動によって広大な地域が居住不可能になっている。

グローバル国家がこうした命運をたどる可能性は十分ある。今後移民が大幅に抑制されたとしても、世界の人々に人類共通のアイデンティティを意識させる要因は今後も存在し続ける。大容量のインターネットアクセスはより多くの地域で利用可能になっている。教育の普及やあらゆる国で英語学習熱が高まっていることから、世界中の町や村で同じコンテンツが共有され、理解されるようになるだろう。しかし台頭するグローバルな主流文化が本質的に「西洋的」であるかぎり、多くの人がマイノリティであり続けることになる。

とりわけアメリカやその同盟国と政治的に対立している国々の人は、そこに自らの居場所を見いだすのは難しいだろう。アメリカが自らの覇権の名残に必死にしがみつこうとすれば、新たな強国は独自の勢力圏を確立しようとするだろう。その結果、政治家たちは国連を柔軟で正当性の高い組織に改革し、政治統合を深める機会をのがす。結局アラブ世界と同じように、私たちは同じ国家に帰属しているのだという強い意識を持ちつつ、いつまで経ってもそれを具体化できないかもしれない。

シナリオ2　中国の歩み

ふたつめのシナリオは、中国のナショナリズムの歩みだ。

中国から見れば、それはまちがいなく成功したといえる。清華大学のワン・フイ教授が指摘するように「一九世紀以前から存在していた帝国で、二一世紀にも『国民国家』として領土と人口を維持しているのは中国だけだ。他の帝国はすべて分離主義のナショナリストによって解体されてしまった[1]」。

中国は二〇世紀前半の政治的混乱や内戦を経て、一度は失ったチベットや新疆《シンチアン》というまったくことなる文化的アイデンティティや政治史を持つ地域も統合することに成功した。両自治区では独立運動が続いているが、いずれも北京政府の支配を脅かすような重大な脅威とはなっていない。

ただ周辺地域を再統合したこと以上に注目すべきは、国の中心である広大な東部全域におよぶ強固な連帯意識だ。

漢民族が「単一民族」であるというのは、ポルトガル、スペイン、フランス、イタリア、ルーマニア人が異民族であるというのと同じくらい観念的な主張だ。ポルトガル語、スペイン語、フランス語、イタリア語、ルーマニア語は同じラテン語から派生した言語であるものの互いにまったく通じないが、中国語の方言も同じだ。広東語も地理的な地盤がある特徴的な言語だが、独立した民族としての政治的アイデンティティは形成されなかった。中国ナショナリズムの立役者の一人である孫文は広東人だった。香港でさえ、北京政府からの自治権拡大を求める政治運動は続いているものの、それは広東人あるいは香港自体を独立国にすることを目的としているわけではない。台湾はもちろん別の政治主体だが、その政治史は本土に対抗する「もうひとつの中国」としての歩みであり、中国からの分離運動ではなかった。さまざまな困難はあるものの、台湾においてすら同じ中国人という概念は維持されている。

このように古代中国の帝国としての一体性を保ちつつ、人民による主権という考え方(それは「人民共和国」という国名に明確に表れている)に移行する試みとして、中国ナショナリズムは目的を達成したわけだ。市場経済を受け入れ、海外に門戸を開放して以降、数億人の国民を貧困から脱却させてきた。

とはいえ中国ナショナリズムもアラブ・ナショナリズムと同じように、グローバル国家には反面教師にしかならない。中国政府は国家を基本的な連帯感以外に何も求めないたんなる帰属先とはとらえなかった。それは特定の政党とその政治的ビジョンへの絶対的忠誠を求めるものだと考えた。意見の不一致や異論は不法行為とみなされ、民衆の主権への欲求は抑圧された。

中国ナショナリズムの独裁主義的性質を最も痛切に感じているのは、チベットや新疆ウイグル自治区などそのナショナル・アイデンティティに疑問を抱いている地域だろう。こうした地域では、移住（漢民族の流入）によって地域の人口動態バランスを変える）や文化適応（本書執筆時点で一〇〇万人ものイスラム教徒のウイグル人が「再教育キャンプ」に収容されているとされる）によってアイデンティティを変更させようとする壮大な企てが進んでいる[2]。

さらに中国はすべての国民に対してその民族的出自にかかわらず、体制への服従を求め、自由に大きな制約を課している。

この点で最も恐ろしい近年の動きは、二〇二〇年から義務化される新たな社会信用システムだろう。国家が収集する膨大な電子データの分析に基づいて、すべての国民をその信頼性によって格づけする仕組みだ。そして「正直で信頼性のある市民」には報酬が、問題のある市民には処罰が与えられる。

アメリカやヨーロッパのメディアは、この社会信用システムを、ジョージ・オーウェルが『一九八四年』で描いた「ビッグブラザー」、あるいはイギリスのディストピア的SFドラマシリーズ『ブラックミラー』の「ランク社会」[3]と題するエピソードそっくりの自由の侵害と評している。

当然ながら中国政府の公式見解はこのシステムをもっと好ましいものとして描いており、スコアの高い市民が受けられる恩恵（バス運賃が安くなる）や企業にとってのメリット（信用を受けやすくなる）を強調している。[4]しかし公式見解でさえ、政府の望むように社会を変え、わずかな反対の芽も摘み取るために新たなシステムを使うことはないとは一言も言ってない。

多くの人が、統合が進んだ世界は巨大な中国のようになるのではないか、と恐れるのも無理はない。一四億人もの人々をこのように支配する中国の力を、グローバリストは警戒すべきだ。グローバル国家の未来についてこのシナリオは排除できず、私たちはその脅威に備えるべきだとぼくは思う。ただ人類全体がこんな結末を迎えるとはやはり思えない。

漢民族のコミュニティに強固な社会的連帯が見られるのは、ときおり中断したとはいえ、数千年にわたって単一国家の支配下に置かれてきた結果だ。[5]そして漢民族は中国の国民のなかで圧倒的多数を占めている。[6]こうして中国人という単一のアイデンティティを持つ集団が生まれ、その指導者が画一的支配を追求する状況が出現した。

それと比べて世界ははるかに複雑だ。独自のアイデンティティを持つ集団のどれをとっても、世界のなかではちっぽけなマイノリティにすぎない。地球上で最も強大な国ですら、イラクやアフガニスタンのような比較的弱小な国に侵攻した後、実効支配を確立できなかった。グローバルな中央政府が世界中の人々の日常世界に介入する事態は、およそ起こりそうにない。いずれ何らかの統一国家ができたとしても、複数の権力の中枢が併存し続けるだろう。つまり世界の多様性は維持される可能性が高い。

現在の国際秩序の下で最も不遇な状況に置かれている人々、政府が機能せず、戦争で荒廃し、絶望的なまでに貧困な地域で暮らしている人々から見れば、中国政府の支配するような世界でもはるかにマシだと思えるかもしれない。

しかし多くの人にとっては、とても許容できない自由の喪失につながる。それが実現するかは地政学的要因だけでなく、データ産業や兵器産業の発達、すなわち中国政府が試みているように、それを使って政府が国民を支配する能力によって決まる。

甲冑《かっちゅう》に身を包んだ騎士が馬の背で戦っていた中世の世界では、十分な戦闘能力を身につけられる人はそれほどいなかった。このためひとにぎりの権力者が、代議制政府の必要性など気にせずに広大な地域を支配することができた。しかし銃が容易に入手できる時代になると、民衆蜂起によって革命が起きるようになり、政府は人民の言うことを聞かなければならなくなった。ドローンや近代兵器が登場した現在でも、カラシニコフ銃で武装した怒れる市民をねじ伏せて支配するのは難しい。

これまでのところほとんどの国では、新たな技術は政府の支配を可能にする道具であると同時に、民衆がそれに抵抗する手段となってきた。だが将来的には、このバランスが再び変化することもあり得る。

こうしたことを考えると、現存する民主主義を守り、強化していくこと、そしてたとえグローバルな統合その他の目的に役立つとしても、民主主義を弱めるような一切の試みを拒絶することが必要だとわかる。すでに民主制の長い伝統のある国々や、新たに民主制が確立された国々において、今後数十年にわたって民主主義が守られていけば、世界の統合が進むなかでも独裁主義的な巨大政府が登場する事態は回避できるだろう。

シナリオ３　印パ分裂後のインド

三つめのシナリオは、印パ分裂後のインドだ。

国家建設の取り組みとして、インドは中国ほど成功しなかったと見るべき理由はある。たしかにここ数十年の経済成長は中国ほどではなかった。また国民の連帯意識も中国ほど確固たるものではない。インドは血なまぐさい分離独立運動を経て誕生した。イスラム教徒が多数派を占める北東部と北西部がパキスタンとして分離し、その後さらにパキスタンとバングラデシュに分裂した。その過程で一〇〇万人近くが命を落とし、印パそれぞれの民族浄化によって数千万人が着の身着のまま故郷を追われた。

だがその後インドは想像を超える成功を収めてきた。パキスタンに移住しなかったイスラム教徒は、国民の二〇%を占める。もともと人口の大多数が話す共通言語というものは存在せず、歴史を通じてインドが単一国家として統治されたことはなかった。それにもかかわらず少しずつ、ときにはつまずきながらも、インド人という国民的アイデンティティが形成されてきた。また民主主義が統治制度として確立されたことも、ありえないような快挙といえる。

分裂後のインドが、新たなグローバル国家のモデルとなる可能性は十分ある。インドを持ち上げるつもりはないし、また国際政治の未来に対して過度な期待を抱くつもりもない。

世界の現状を映すように、インドにも超のつく富裕層がいる一方、膨大な数の恐ろしく貧しい人々がいる。宗教に基づく偏見も根強い。残虐な行為も横行している。ここ数十年、毛沢東主義の反政府勢力が国内各地でテロ活動を繰り返してきた。世襲制の階級制度「カースト」によって人材の社会的流動性は制限されている。中央政府を支持するだけの国民的連帯意識はあるものの、税金として納められているのはGDPのわずか一一%だ（それに加えて七%を州政府が徴収している）[7]。

しかし、これほどさまざまな問題があるにもかかわらず、インドはひとつの国家となった。それによってインドの抱える問題がすべて解決したわけではない。しかしもっと小規模な、敵対する国家群に分かれていたら、いまより良い状況になっていたとはとても思えない。分裂以来続いてきたインドとパキスタンの対立はいまや核保有国同士のにらみ合いとなり、両国の国境は閉ざされてヒトやモノの移動がない状況を見れば、それは明らかだ。

インドが国家となったことで、野心的目標の実現に必要なリソース、意思、調整力が生まれた。ひとつ例を挙げれば、中央政府は一九八六年から、膨大な国民すべてに下水処理サービスを提供する取り組みを進めてきた。現在、全世帯の九二％にトイレがあると報告されており、二〇一二年の三七％から大幅に増えた。二〇一九年には普及率一〇〇％という目標も達成できそうだ。この取り組みにもさまざまな問題や批判はあったが、国を束ねる政府が調整しなければ、これほどの進歩が実現したとは思えない。

国際社会と同じように、インドもいま、岐路に立っている。インクルーシブな国家を目指し、多元的民主主義を一段と強固にしていくのか、あるいはポピュリスト的な多数派が支配し、マイノリティに服従を強いる国家になるのか。インド建国の指導者たちは、すべての宗教集団が国家の構成要素だと辛抱づよく訴え続けたが、現在国を支配するのはヒンドゥー教だけが真のインド文化を体現すると主張してきた政党だ。

本書執筆のためにぼくがインタビューをしたインドの人々は、インドはさらなる発展のために、どちらの道を選ぶべきか、葛藤していると語った。アメリカの示すリベラルな民主主義的モデルを維持すべきか。地球上で経済的に最も成功している国々を支えてきたモデルではあるが、現在は自信喪失の危機にゆらいでいる。あるいは独裁主義的な中国のモデルに転換すべきだろうか。類例のないほど圧倒的な、しかも息の長い経済成長を可能にしたが、ほとんどの人がそこに身を置きたくはないと考えているモデルだ。

どちらの道を選ぶかによって、マイノリティの扱い、個人に与えられる自由の度合い、そして最終的にはそこから生まれるナショナル・アイデンティティの性質も決まってくる。うまくいけば、インドは今後も幅広い人々の共生する国家という概念を維持し、全国民の暮らしを向上するという壮大な目標の実現に向けて、つまずきながらも前進していくだろう。

同じようにうまくいけば、人類はいずれ今日のインドのような姿になるかもしれない。不完全ながらも、同じ歴史と運命を共有しているという意識がある。さまざまな言語、宗教、国家に属する人々が、それぞれ固有の社会的絆に誇りを抱きつつ、一丸となって人類共通の課題に立ち向かおうとする連帯感がある。

それが私たちの目指すべきフューチャー・ネーションの姿だ。

謝辞

本書が完成したのは、多くの方の助力と忍耐のおかげだ。とくに人生のパートナーであるアンナ・ジューズベリーに感謝している。ぼくが処女作の執筆に取り組んでいた時期は、息子のラフィのこの世界での最初の一年と重なった。妻のサポートと励ましがなければ、本書を書き上げることなどとてもできなかったと思う。もう一人、本書の誕生に多大な貢献をしてくれたのが、親友のウィル・ハモンドだ。ぼくの乱雑なメモのなかに、発表する価値のあるアイデアがあると気づき、幅広い人脈を惜しみなく提供してくれた。

エージェントであるエイトケン・アレキサンダー社のクリス・ウェルビラブにもとても感謝している。アイデアを企画書にまとめる方法を教えてくれたうえに、構成を変えるよう提案してくれたおかげで、誰も手に取らない学術書になりかねなかった本書は、多くの読者の興味を引き、読んでもらえそうな作品に仕上がった。編集者のカシアーナ・イオニタにも同じように感謝している。たくさんの改善点、修正点を指摘し、何より常にぼくを励ましてくれた。カシアーナとのミーティング前には、もうこの企画はおしまいだと意気消沈していたのが、終わってみると世界を征服できそうな気になっている。そんなことの繰り返しだった。

本書はぼくの個人的プロジェクトだ。しかしビル&メリンダ・ゲイツ財団の同僚のサポートには心から感謝したい。なかでもジョー・セレルはこれ以上望めないほどすばらしい上司で、アドバイス、前向きさ、励ましのかたまりのような人物だ。ガブリエラ・スターン、キャロライン・エッサー、ドリュー・ポーターは多忙な業務の合間を縫って、本書と財団の業務にコンフリクトが発生しないように、助言と支援を与えてくれた。

ぼくが世間の大方の人よりも世界の未来に対して楽観的であるとすれば、ゲイツ夫妻と知り合えたおかげだ。世界に良い変化を起こそうとする二人の真摯な取り組みは、進歩など不可能だという皮肉な立場への無言の戒めである。二人への感謝、そして「すべての命には同じ価値がある」という理念に基づいて活動する組織で働く栄誉を与えてくれた財団への感謝を忘れたことはない。

本書のリサーチのためにオンレコ、オフレコで協力してくれた多くの方々にも感謝したい。ビル・ゲイツ、リズ・アーメッド、リチャード・カーティス、クワメ・アンソニー・アッピア、ヤニス・バルファキス、ニック・クレッグ卿、ポール・コリアー、デビッド・グッドハート、マーク・マロックブラウン卿、サラ・エラミン、リン・タリエント、ミホコ・カシワクラ、ハリ・メノン、ハリス・ミロナス、エレノア・ショークロス・ウルフソン男爵夫人、アミート・ジル、レナード・マンソール、アレックス・ハートリー、フェイサル・イストラバディ大使、サブリナ・マフフーズ、ミシェル・ハッチンソン、そして匿名での協力を希望された方々だ。

本書に関連する専門知識を持ち、貴重な時間を割いて原稿に目を通してくれた親しい友人たちにも深く感謝している。大変な苦労をしながらいまよりずっと完成度の低かった原稿を読み、貴重な助言を与えてくれた。サレム・アル・ダムルジ、アレクサンダー・ウールコム、マイク・マーチン、トム・ドハティ、クラウディオ・ソプランゼッティ、アレックス・ファタル、そしてアリス・フォーダムだ。

ここに挙げたすべての方、そして挙げられなかったすべての方に大変お世話になった。ただ本書に何らかの誤りや落ち度があれば、それはひとえにぼくの責任である。

訳者あとがき

ハッサン・ダムルジは肝《きも》が据《す》わっている。

本書（原題 *The Responsible Globalist*）がイギリスで出版されたのは二〇一九年秋。イギリスではEU離脱をめぐる国内対立が深まっており、アメリカのトランプ政権はメキシコからの移民取り締まりを強化し、米中は貿易戦争を繰り広げていた。

自国ファースト、反グローバリズムのうねりが高まるなか、本書の取材を続けるダムルジに、ギリシャの元財務相は「こんな時代にグローバリズムの必要性を訴えるのは、いまのヨーロッパで左翼政党が共産主義をかかげて選挙を戦うようなもの」と忠告したという。「グローバル」という言葉自体にマイナスイメージが付きすぎているので使わないほうがいい、とすら言われた。そんな完全アウェーともいえる状況で、ダムルジは敢えて「グローバリズムをアップデートして、人類がひとつになる世界国家の実現を目指そう」と呼びかけた。さすがはビル・ゲイツの見込んだ人物だ。

ダムルジはイラク人の父とアイルランド人の母のもと、イギリスで生まれた。オックスフォード大学卒業後、ハーバード大学にて中東研究で修士号を取得。現在は世界最大の慈善団体であるビル&メリンダ・ゲイツ財団のデピュティ・ディレクターとして、中東、パキスタン、韓国、日本で政策立案や提言をとりまとめる。ゲイツ財団での活動以外にも、地元ロンドンで知人とともに学校を設立するなど社会活動家の顔も持つ。二〇一五年に三二歳で『アラビアン・ビジネス』誌の選ぶ「最も影響力のある四〇歳以下のアラブ人一〇〇人」に初めて選出されて以降、このリストの常連となっている。

本書はすっかり色あせてしまった従来のグローバリズムの問題点を洗い出し、新たなビジョンと方法論を提唱する、いわば「新生グローバリズムのマニフェスト」だ。著者が浮世離れしたドン・キホーテではないことは、本書を読めばわかる。むしろ欧米諸国の視点だけで世界を見るのをやめ、現実を見よ、と説く。世界に目を向ければ「自分は特定の国家というより世界の市民である」と考える人、そして気候変動などグローバルな問題については国際機関に強制力を持たせるべきだと考える人のほうが多数派だ、と。

ダムルジの視点の新しさは、グローバリズムの進むべき道を考えるヒントを、ナショナリズムの歩みに求めている点にある。一見、思想として対極にあるような両者だが、実は重なり合う部分が多い、という。反グローバリズムが吹き荒れる今でも、ダムルジが「世界市民」というグローバル・アイデンティティが今後も浸透していくと確信しているのは、かつて「〇〇国民」というナショナル・アイデンティティの醸成につながった要因が、いまではグローバルに作用しているからだ。英語という公用語の普及に加えて、かつての新聞や鉄道に代わり、今ではユーチューブに代表されるネットメディアや飛行機がグローバルな情報の共有やヒトの交流を支えている。

あらゆるアイデンティティはフィクションだ、とダムルジは指摘する。たとえばドイツやイタリアが統一国家となり、ドイツ国民、イタリア国民というアイデンティティが誕生したのは一九世紀後半だ。アメリカも建国から二五〇年近く経つものの、ひとつの国家という意識が明確に芽生えたのは一九世紀末だ。

このように比較的歴史が浅いにもかかわらず、ナショナル・アイデンティティほど幅広い人々を団結させた概念はない。人々は会ったこともない貧しい同胞を支援するために税金として収入の一部を差し出し、若者は国を守るために命を懸けるようになった。ならば「同胞」の範囲を地球全体に広げ、グローバル・アイデンティティという新たなフィクションを生み出すことも可能なはずだ、という前提にもとづいて、本書はその方法を検討する。

本書の提案する新たなグローバリズムの特徴は、「必要十分」という言葉に集約できるかもしれない。グローバル国家を既存の国民国家に置き換わる存在ととらえ、国民国家が果たしている役割や機能をすべてグローバル国家に肩代わりさせることを、多くの人が望んでいるわけではないし、その必要もない。人々の心や生活のよりどころである国民国家の枠組みを守りつつ、一国だけでは解決できない問題はグローバル国家に委ねる、というきわめて合理的な発想だ。

ではグローバルに取り組まなければ解決できない問題とは何か。著者が挙げるのは、「課税」と「武力行使」だ。

現在、資金の流れはグローバルになったが、税金はまだ国単位だ。このためタックスヘイブンを利用することで富裕層は資産を不当にため込み、多国籍企業は節税ができる。現在の税法で、個人がタックスヘイブンを使うことで政府が失う税収は毎年二〇〇〇億ドル、法人税収の逸失分は毎年六〇〇〇億ドル。両者を合わせると、世界中で徴収されている税の約四％に近いという。

一方、そのような手立てを持たない先進国の中低所得層は税金を納め、その一部が途上国の支援にまわされる。グローバル化によって製造業が途上国に移転するなど、雇用を失う不安にも直面している。こうした人々がグローバル化に反発するのは当然だ。著者は世界一律の富裕税を導入し、その半分を途上国支援に充てることで、グローバル化の恩恵を誰よりも享受している世界の富裕層に応分の負担を課すことを提案する。

もうひとつ、著者がグローバル政府に集約すべき権限として挙げるのが、武力行使だ。

国民国家が好き勝手に武力を行使する権利が、なぜ問題なのか。それは著者の父方の母国であるイラクが、有志連合による「イラクの自由作戦」の後、どれほどの混乱に陥ったかを見れば明らかだ。

「グローバル体制の実態はいじめっ子が支配する校庭と変わらず、強い者の主張が通り、弱い者には身を守るすべがないことを見せつけるような重大な意思決定が繰り返されてきた」として、著者は国連の意思決定システムの見直しを訴える。第二次世界大戦以降、常任理事国の座を独占しつづける五カ国だけが拒否権を駆使する現状はおかしい。国際的な武力行使の是非は、すべての国に人口、経済規模、対外援助への貢献度に応じて投票権を与え、採決すべきだ、という。

世間に名を知られた政治家でも大物実業家でもない、一介の開発専門家がずいぶんと大風呂敷を広げたものだ、と思われるかもしれない。それでもダムルジがフューチャー・ネーションの構想を語るのは、ナショナル・アイデンティティというフィクションも、偶然の産物ではなかったと知っているからだ。それは国家統一に必要性と情熱を感じた人々が、共通のアイデンティティという概念を積極的に広め、それが大衆の想像力を刺激した結果だった。

本国での刊行から日本語版が出版されるまでの数カ月のあいだに、新型コロナウイルスのパンデミックが発生し、世界の様相は一変した。「人類の本当の敵は他の人間ではなく、気候変動や感染症、核戦争など人間以外の脅威だ」という本書の指摘が、早くも裏づけられた格好だ。しかし現実にはパンデミックによって世界の分断は深まっている。二〇二〇年秋の大統領選挙をにらみ、トランプ大統領はウイルスが世界に広がったのは中国が初期対応を誤ったせいだと、しきりに反中感情を煽っている。中国に損害賠償を求める動きは欧米のみならず、インド、ナイジェリア、トルコなどにも広がっている。必要な物資を自国に囲い込もうとする動きも見られた。

ヒトやモノの流れを完全に止めるのはもはや不可能で、世界が一丸となって情報や知見を共有し、ワクチンや治療薬の開発と普及に取り組むべきときに、まったく逆の流れが生まれようとしている。本書は特定の集団を敵とみなし、内集団の結束を高めるのは、ナショナリストの常套手段だったと説明し、グローバリストがその轍を踏んではならない、と強く訴える。

社会の不安が高まり、誰もが自らの身を守ることで精一杯な気分になりがちな今こそ、本書の価値は一段と高まっているといえよう。

私自身、中国に責任を取らせる、というトランプ大統領の発言を聞いて、つい「やっちまえ」と思うこともある。一方、武漢でソーシャルワーカーとして働き、都市封鎖下での日々を『武漢封城日記』として発信した郭晶さんの葛藤に涙ぐんだり、その行動力に胸を熱くしたりもする。国レベルと個人レベル、私のなかにもことなるアイデンティティが存在していることを意識するようになったのは、本書を翻訳してからだ。できるだけその共感の範囲を広げ、悪意ある刺激にローカルな自分が反応しないように心がければ、まっとうなグローバル市民に近づけるだろうか。

本書の翻訳では、NewsPicksパブリッシングの富川直泰氏に大変お世話になった。この場を借りて感謝を申し上げる。

二〇二〇年五月

土方奈美

はこの組織を潰そうとしているが、国民には非常に人気があるため、対応に苦慮している。以下を参照。'Guatemala's Government Races to Scrap an Anti-corruption Commission', *Economist,* 13 September 2018.

36. United Nations, *World Summit Outcome Document* (2005).

37. ただしそのためには条約そのものを書き直し、各国が改めて批准する必要がある。

第8章　フューチャー・ネーションへ

1. Wang Hui, *China from Empire to Nation-State*, trans. Michael Gibbs Hill (Harvard: Harvard University Press, 2014), p. 27.
2. Rian Thum, 'China's Mass Internment Camps Have No Clear End in Sight', *Foreign Policy*, 22 August 2018.
3. 『一九八四年』との比較については、以下を参照。Rachel Botsman, 'Big Data Meets Big Brother as China Moves to Rate Its Citizens', *Wired. com*, 21 October 2018 (二〇一八年一〇月に以下で閲覧。https://www.wired.co.uk/article/ chinese-government-social-credit-score-privacy-invasion); 『ブラックミラー』との比較については、以下を参照。Alice Vincent, 'Black Mirror is Coming True in China, Where Your "Rating" Affects Your Home, Transport and Social Circle', *Telegraph*, 15 December 2017.
4. 以下などを参照。'Across China: Credit System Provides Support for Social Development', *XinhuaNet*, 3 July 2018 (二〇一八年一〇月に以下で閲覧。http://www.xinhuanet.com/english/ 2018-07/03/c_137298542.htm).
5. たとえば一一二七年から一二七九年まで漢民族の中核地域は金朝と南宋に分裂していた。
6. 二〇一〇年の国勢調査によると、中国の漢民族は全人口の九一・五%に相当する一二億人だった。以下を参照。'Communique of the National Bureau of Statistics of People's Republic of China on Major Figures of the 2010 Population Census', National Bureau of Statistics, 28 April 2011 (二〇一八年一〇月に以下で閲覧。https://web.archive.org/web/20131108022004/http://www.stats.gov.cn/english/newsandcomingevents/t20110428_402722244.htm).
7. 'Is India an Outlier When It Comes to Tax–GDP Ratio?', *LiveMint*, 23 January 2018 (https://www.livemint.com/Industry/7UAyR2aM3Yh8rBeTD28WHL/Is-India-an-outlier-when-it-comes-to-taxGDP-ratio.html).

が必要である。

27. https://globescan.com/ global-citizenship-a-growing-sentiment-among-citizens-of-emerging-economies-global-poll/.

28. 以下の文献を参照。Malloch-Brown, *The Unfinished Global Revolution*, op. cit., 191ff; Hosli et al. 'Squaring the Circle?', op. cit.; Frances Stewart and Sam Daws, 'An Economic and Social Security Council at the UN', *QEH Working Paper 68* (March 2001); and Jose Antonio Ocampo, 'Rethinking Global Economic and Social Governance', in Stiglitz and Kaldor (eds.), *The Quest for Security*, op. cit., 332ff.

29. 確実性は公正さを保証するものではないが、明確なルールが存在しない状況と比べれば、システムに参加する国々はより効果的に国益を守りやすくなる。たとえ不公正なシステムであっても、確実性があれば衝突のリスクは大幅に減る。イラクの最も困難な時期を経験したぼくの友人や親族は、サダム・フセインの残酷な統治のほうが、その後の状況と比べてマシだったおもな理由はここにあると語った。二〇〇三年以前は、誰を恐れるべきか、誰を避けるべきか、何を言うべきでないか、要するにどうすれば生き延びられるか、たいていの人がわかっていた。しかし戦後はさまざまな犯罪組織や民兵組織、暗殺団や自警団が入り乱れ、それぞれが協力相手を変えていったので、日々生き延びる方法を見つけるのははるかに難しくなった。もちろん旧体制下の恣意的な権力の下で生きるのは大きな不確実性を伴ったが、その権力が崩壊すると、不確実性ははるかに高まった。

30. 柔軟な議会制モデルは一八世紀までに非常に強力になり、イギリスは最終的に狂人として収容されることになる国王を戴いていたにもかかわらず、かつて例のないほどの成長と安定と世界的影響力を手に入れた。その前に国王が正気を失ったのは一四〇〇年代のことで、そのときには血なまぐさい内戦(バラ戦争)につながった。一九世紀まで投票権があったのは人口のごく一部であり、議会には今日的意味での正義や民主主義はなかった。植民地の臣民はもちろん、国内の貧困層にも保護はほとんどなかった。しかし個人や集団の勢力の変化が政治に反映され、最も重要な有権者の信頼を得られない指導者を、信頼を得られる指導者に交代させるための明確な仕組みができあがった。

31. デビッド・ヘルドは次のように語っている。「ほとんどの場合、戦後秩序を創った人々は国家の勢力の変化に自然と適応するような制度には設計しなかった」。*Elements of a Theory of Global Governance* (Sage, 2017).

32. 注7を参照。

33. Ian Goldin, *Divided Nations: Why Global Governance is Failing and What We Can Do about It* (Oxford: Oxford University Press, 2013).

34. EUでは以下の基準を満たした意思決定を「特定多数決」と呼ぶ。①一国一票として、加盟国の五五%が同意、あるいは欧州委員会や外務・安全保障政策上級代表の提案については加盟国の七二%が同意、②EU人口の六五%を占める国々の合意。

35. 本書執筆時点で、この取り組みは非常に激しい論争を呼んでいる。ジミー・モラレス新大統領

12. *Ibid.*, p. 29.

13. Kwame Anthony Appiah, *Cosmopolitanism: Ethics in a World of Strangers* (London: Allen Lane: 2006), p. 163.

14. Slaughter, *A New World Order*, op. cit., p. 8.

15. Max Weber, 'Politics as a Vocation', *Lectures to the Munich Free Students Union* (1919).

16. *OED*.

17. たとえばシリア国民連合の指導者、ジョージ・サブラは二〇一三年四月に行った演説で、次のように語っている。「国連と人権団体はこうした残虐行為に対応するため、いますぐ行動を起こさなければならない。シリアの人々もまた人間であり、シリアは複数の国際組織の加盟国だ。(中略)われわれはこの問題について決議を求め、総会に提訴する。また『シリアの友人たち』に、スカッドミサイルによってこれ以上シリア人が命を落とさないように、安全保障理事会の決議を得るよう努力してほしいと頼んだ」(二〇一三年九月に以下にて閲覧。http://en.etilaf.org/press/ remarks-by-mr-george-sabra.html).

18. 注6を参照。.

19. 「乾隆帝から英国王ジョージ三世への手紙(一七九二年)」。カリフォルニア大学サンタバーバラ校。二〇一八年九月に以下にて閲覧。http://www.history.ucsb.edu/faculty/marcuse/classes/2c/texts/1792QianlongLetterGeorgeIII.htm.

20. G. John Ikenberry, *After Victory: Institutions, Strategic Restraint, and the Rebuilding of Order after Major Wars* (London: Blackwell, 2001), 167ff.

21. G. John Ikenberry, 'Global Security Cooperation in the Twenty-first Century', in Joseph E. Stiglitz and Mary Kaldor (eds.), *The Quest for Security: Protection without Protectionism and the Challenge of Global Governance* (NY: Colombia University Press, 2013).

22. John Stewart Mill, *Considerations on Representative Government* (1864).

23. *Ibid.*

24. Mekuria Bulcha, 'The Politics of Linguistic Homogenization in Ethiopia and the Conflict over the Status of "Afaan Oromo"', *African Affairs*, 1 July 1997.

25. たとえば以下の記事を参照。Tom Gardner and Charlie Rosser, ' "Abiy Ahmed is Our Miracle": Ethiopia's Democratic Awakening', *Guardian*, 25 September 2018 (二〇一八年九月に以下にて閲覧。https://www.theguardian.com/global-development/2018/sep/25/abiy-ahmed-miracle-ethiopia-democratic-awakening).

26. 難民をどこに定住させるかというのは文化的障害のある問題だが、各国は定住を受け入れる国に対して金銭的支援をするかたちで義務を果たすこともできる。受入国に適切な補償をするには、難民一人あたりについて、現在UNHCRが支払っているわずかな金額を上回る拠出

(二〇一八年八月に以下で閲覧。https://www.forbes.com/sites/mikepatton/2016/02/29/ u-s-role-in-global-economy-declines-nearly-50/).

47. Credit Suisse Research Institute, *The Credit Suisse Wealth Report 2017* (2018). 二〇一八年八月に以下で閲覧。https://www.credit-suisse.com/corporate/en/research/research-institute/publications.html.
48. Zucman, *Hidden Wealth of Nations*, op. cit., p. 49.
49. Samuel Moyn, *Not Enough: Human Rights in an Unequal World, The New York Times Book Review*, 20 May 2018.
50. https://www.norway.no/en/missions/un/news/news-on-development-and-humanitarian-efforts/increase-in-norways-aid-budget-for-2018/.
51. ガブリエル・ズックマンは、こうした記録を作成するのは比較的容易だと主張している。未公開企業の株価評価は容易ではなく、不動産評価は再計算や定期的な更新が必要になる。しかしほとんどの金融資産の金銭的価値はすでに明確に示されている。

第7章　システムを支えるルールを公平に

1. Stephen C. Schlesinger, *Act of Creation: The Founding of the United Nations* (Boulder, CO/ Oxford: Westview, 2003), p. 6.
2. Wendell L. Willkie, *One World* (Cassell and Company, 1943), p. 1.
3. Schlesinger, *Act of Creation*, op. cit., p. 8.
4. David M. Malone, *The UN Security Council: From the Cold War to the 21st Century* (Boulder, CO/London, Lynne Rienner, 2004), p. 6.
5. たとえば以下を参照。Madeleine O. Hosli et al. ‘Squaring the Circle? Collective and Distributive Effects of United Nations Security Council Reform’, 29 March 2011.
6. Tom Miles, ‘World Trade’s Top Court Close to Breakdown as U.S. Blocks Another Judge’, *Reuters*, 26 September 2018.
7. 日本は二〇〇五年に安全保障理事会のメンバーに加えられなかったことを受けて、国連への拠出金を大幅に削減した。安倍晋三首相は二〇一八年の国連総会での演説で「安保理改革が停滞する中、今世紀の世界における国連の意義は、いまや厳しく問われています」と述べた。安倍首相の国連での演説の全文は二〇一八年九月二六日の毎日新聞より引用した。
8. Schlesinger, *Act of Creation*, op. cit., p. 290.
9. Mark Malloch-Brown, *The Unfinished Global Revolution* (London: Allen Lane, 2011).
10. 著者によるインタビューより。
11. Anne-Marie Slaughter, *A New World Order* (Sage, 2005), p. 8.

2a7e-11e7-9ec8-168383da43b7?desktop=true).

31. ドイツは一九九七年まで、一二万ドイツマルク(七万一〇〇〇ドル)を超える総資産に一%課税していた。以下を参照。https://www.boeckler.de/pdf/v_2017_11_10_bachleitner.pdf). デンマークは一九八八年まで、九八パーセンタイル以上の資産に二・二%を課税していた。一九八八年に税率は半分になり、一九九七年に廃止された(以下を参照。https://editorialexpress.com/cgi-bin/conference/download.cgi?db_name=NTA2017&paper_id=315)
32. https://harrisonbrook.co.uk/ wealth-tax-spain-2018/.
33. Government of India, 'The Finance Act, 2015', in *Gazette of India* (二〇一八年八月に以下で閲覧。http://www.egazette.nic.in/WriteReadData/2015/163872.pdf).
34. https://uk.reuters.com/article/ uk-france-tax/macron-fights-president-of-the-rich-tag-after-ending-wealth-tax-idUKKCN1C82DG.
35. ケッジ・ビジネススクールの経済学および金融教授のエリック・ピシェットは、富裕層の税金逃れによって政府が失っている税収は、集まっている税収に匹敵し、その結果フランスの成長率は〇・二%押し下げられていると主張している。https://www.ft.com/content/19feb16a-1aaf-11e7-a266-12672483791a?desktop=true.
36. Piketty, *Capital in the Twenty-first Century*, op. cit.(『21世紀の資本』).
37. John Lanchester, 'After the Fall', *London Review of Books*, 5 July 2018.
38. Branko Milanovic, *Global Inequality: A New Approach for the Age of Globalization* (Cambridge, Massachusetts: The Belknap Press of Harvard University Press, 2016), 103ff.
39. ブラジル、パキスタン、フィリピンの最近の選挙は、タックス・ヘイブンに関する国際的詐欺から利益を得たエリート層に対する大衆の怒りが焦点となった。
40. Oxfam briefing report, 'Reward Work, Not Wealth', January 2018 (二〇一八年八月に以下で閲覧。https://oxfamilibrary.openrepository.com/bitstream/handle/10546/620396/bp-reward-work-not-wealth-220118-en.pdf;jsessionid=9DEEB24D560CCBCECAD96C786F7CC27A?sequence=29).
41. Zucman, *Hidden Wealth of Nations*, op. cit.
42. Milanovic, *Global Inequality*, op. cit., p. 98.
43. Smith, *Wealth of Nations*, op. cit., Ch. 5, 'Of Taxes'.
44. Lee Corrick, 'Taxation of Multinational Enterprises', in Pogge and Mehta (eds.), op.cit.
45. この詳しい仕組みについての説明は以下を参照。Zucman, *Hidden Wealth of Nations*, op. cit.
46. 'US Role in Global Economy Declines Nearly 50%', *Forbes*, 29 February 2016,

二〇一五年).

19. タックス・ヘイブンに住んでいる人々は万事恵まれているというつもりはない。ズックマンによると、五万人のルクセンブルク国民のほとんどは、過去数十年所得が伸び悩んでおり、自分たちの小さな母国で行われている資産管理業務の恩恵をほとんど受けていない。

20. CNBCの記事。'The Last Time Companies Got a Break on Overseas Profits, It Didn't Work Out Well', 26 April 2017. 二〇一八年八月に以下にて閲覧。https://www.cnbc.com/2017/04/26/ what-happened-the-last-time-companies-got-a-break-on-overseas-profits.html.

21. World Bank, *Africa Pulse* (April 2017) p. 74. 二〇一八年八月に以下で閲覧。http://documents.worldbank.org/curated/en/348741492463112162/pdf/114375-REVISED-4-18-PMWB-AfricasPulse-Sping2017-vol15-ENGLISH- FINAL-web.pdf.

22. E. Crivelli, R. de Mooij and M., Keen. 'Base Erosion, Profit Shifting and Developing Countries', *FinanzArchiv: Public Finance Analysis*, 72(3), 268–301 (2016).

23. 世界の援助総額として通常引用されるのは、OECD　DACの加盟国による援助の総額であり、二〇一七年には一四六六億ドルだった。(http://www.oecd.org/newsroom/development-aid-stable-in-2017-with-more-sent-to-poorest-countries.htm). ただしこの数字には中国や中東の援助国は含まれない。両者の援助額は明確に公表されていないが、控えめに見積もっても総額一〇〇億～二〇〇億ドルに達すると見られる。

24. 世界銀行によると、この金額は二〇一七年には四六六〇億ドルに達した(以下を参照。http://www.worldbank.org/en/news/ press-release/2018/04/23/ record-high-remittances-to-low-and-middle-income-countries-in-2017).

25. とりわけ参考になるのが以下の文献である。Peter Dietsch and Thomas Rixen (eds.) *Global Tax Governance: What is Wrong with It and How to Fix It* (Colchester: ECPR Press, 2015), Ch. 2.

26. Dietsch and Rixen, op. cit., p. 33.

27. Joseph E. Stiglitz, *Globalization and Its Discontents Revisited: Anti-globalism in the Era of Trump* (New York: Norton, 2017), Introduction.

28. 'Budget 2010: Corporation Tax Slashed to 24p', *Guardian*, 22 June　2010 (二〇一八年八月に以下で閲覧。https://www.theguardian.com/uk/2010/jun/22/budget-2010-corporation-tax-slashed-to-24p).

29. *BBC News*の記事。'Brexit: George Osborne Pledges to Cut Corporation Tax', 4 July 2016 (二〇一八年八月に以下で閲覧。https://www.bbc.co.uk/news/business-36699642).

30. 'Riddle of UK's Rising Corporation Tax Receipts', *Financial Times*, 26 April 2017 (二〇一八年八月に以下で閲覧。https://www.ft.com/content/ca3e5bd2-

8. 税率は一四世紀なかばから二〇世紀初頭までの明朝、清朝を通じて、ほぼ変わらなかった。土地からの収入に対しては一貫して三〜四%課税され、商業収入に対しては二%が課税されたが、後者が導入されたのは一九世紀に入ってからである。Ray Huang (1998), 'The Ming Fiscal Administration', in Denis Twitchett and Frederick W. Mote (eds.), *The Ming Dynasty, 1398–1644, Part 2, The Cambridge History of China, Vol. 8* (Cambridge: Cambridge University Press, 1999); and H. Ramon Myers and Yeh-Chien Wang, (2002), 'Economic Developments, 1644–1800', in Willard Peterson, *The Ch'ing Empire to 1800, The Cambridge History of China, vol. 9* (Cambridge: Cambridge University Press, 2004).

9. 中国がヨーロッパとは無関係に現代的意味での「国家」になったかについては議論が分かれているが、そうではないというのがコンセンサスになっている。社会学者のシャオトン・フェイは「国家形態としての中国は、前世紀の中国と西洋諸国とのせめぎ合いのなかで登場した。しかし意識のなかでの国家としては、何千年という歴史的プロセスのなかで形成されてきた」と指摘する。Xiaotong Fei, 'The Formation and Development of the Chinese Nation with Multi-ethnic Groups', *International Journal of Anthropology and Ethnology* (2017).

10. ぼくがここで「イングランド」ではなく「イギリス」という言葉を使うのは、ここで議論している時期のイギリスは単一の政府の下にあったためだ。イングランドの国民的アイデンティティがいつイギリスのそれに移行したかについては議論が分かれており、この混乱は国家という概念の不確実性と恣意性を雄弁に物語っている。

11. Daunton, *Trusting Leviathan*, op. cit., Introduction.

12. Adam Smith, *An Inquiry into the Nature and Causes of the Wealth of Nations* (1776), Book 5, Ch. 2, 'Of Taxes', Appendix to Articles I & II(『国富論』大河内一男監訳、中央公論社、一九八八年).

13. Michael Kwass, *Privilege and Politics of Taxation in Eighteenth-century France* (London: Blackwell, 2001).

14. バージニア学派の出発点となった文献は以下である。James McGill Buchanan and Gordon Tullock, *The Calculus of Consent* (Ann Arbor: University of Michigan Press, 1962)(『公共選択の理論:合意の経済論理』宇田川璋仁監訳、東洋経済新報社、一九七九年).

15. David F. Burg, *A World History of Tax Rebellions: An Encyclopedia of Tax Rebels, Revolts and Riots form Antiquity to the Present* (London/NY: Routledge, 2003), Introduction.

16. Smith, *An Inquiry*, op. cit., Book 5, Ch. 2.

17. Piketty, *Capital in the Twenty-first Century*, op. cit., Ch. 14.(『21世紀の資本』).

18. Gabriel Zucman, *The Hidden Wealth of Nations* (Chicago: University of Chicago Press, 2015) (『失われた国家の富:タックス・ヘイブンの経済学』林昌宏訳、NTT出版、

17. 出典はウィキペディア(複数の情報源に基づいている)。括弧内は各国の留学生の数。アメリカ(1,043,839)、中国(489,200)、イギリス(442,375)、カナダ(370,975)、フランス(309,642)、オーストラリア(292,352)、ロシア(282,921)、ドイツ(235,858)、日本(152,062)、スペイン(76,057)。

18. https://www.theguardian.com/uk-news/2018/jan/04/tory-rebels-urge-may-remove-international-students-net-migration-figures.

19. http://blogs.worldbank.org/dev4peace/how-many-years-do-refugees-stay-exile.

20. 「難民の地位に関する一九五一年の条約」第三四条、二〇一八年七月に以下にて閲覧。https://cms.emergency.unhcr.org/documents/11982/55726/Convention+relating+to+the+Status+of+Refugees+%28signed+28+July+1951%2C+entered+into+force+22+April+1954%29+189+UNTS+150+and+Protocol+relating+to+the+Status+of+Refugees+%28signed+31+January+1967%2C+entered+into+force+4+October+1967%29+606+UNTS+267/0bf3248a-cfa8-4a60-864d-65cdfece1d47.

第6章　勝者のタダ乗りを許さない

1. OECDの税制改革の内容は以下を参照。Lee Corrick, 'Taxation of Multinational Enterprises', in Thomas Pogge and Krishen Mehta (eds.), *Global Tax Fairness* (Oxford: Oxford University Press, 2016).

2. ピケティは著書(『二一世紀の資本』山形浩生・守岡桜・森本正史訳、みすず書房、二〇一四年)で、ぼくが本書で提案するより高い、より再配分性の高い課税を提案している。

3. CNBCの記事。'Bill Gates has Paid over $10 billion in Taxes– Here's Why he Says he Should Pay More', 21 February 2018. 二〇一八年八月に以下で閲覧。https://www.cnbc.com/2018/02/21/ bill-gates-has-paid-10-billion-in-taxes-and-says-he-should-pay-more.html.

4. 以下などを参照。D'Arcy and Marina Nistotskaya 'The Early Modern Origins of Contemporary Tax Systems' (2015). 二〇一八年七月に以下で閲覧。https://ecpr.eu/Filestore/PaperProposal/fb909503-7fb8-4073-822a-a45dc3458e78.pdf.

5. Martin S. Daunton, *Trusting Leviathan* (London: Blackwell, 2001),　Introduction.

6. K. K. Karaman, 'Another Divergence: Fiscal Centralization in Early Modern Europe', paper presented at the Eighth Conference of the European Historical Economics Society, 2009.

7. こうした制度には国によって違いがあった。イギリスでは議会は選挙で選ばれた一般人、貴族、聖職者で構成される立法機関だった。一方フランスで新税を承認していた高等法院は、貴族だけで構成される裁判所(上訴法廷)だった。

5. *Journal of Economic Perspectives*, vol. 25, no. 3, summer 2011, pp.83–106.
6. David Goodhart, *The Road to Somewhere: Populist Revolt and the Future of Politics* (London: Penguin, 2017).
7. 一九七〇年のアメリカ。census.gov/population/www/documentation/twps0029/tab13.html.二〇一七年のアメリカ。reuters.com/article/ us-usa-immigration-data/u-s-foreign-born-population-swells-to-highest-in-over-a-century-idUSKCN1LT2HZ.
一九七一年のイギリス。Michael Rendall and John Salt (2005), 'The Foreign-born Population', Office for National Statistics. 二〇一七年のイギリス。https://migrationobservatory.ox.ac.uk/resources/briefings/migrants-in-the-uk-an-overview/, 二〇一七年のドイツ。https://www.theglobalist.com/ where-immigrants-move-global-north-germany-united-states/. フランスとドイツの歴史的推移。https://data.oecd.org/migration/foreign-born-population.htm.
8. https://news.gallup.com/poll/211883/ number-potential-migrants-worldwide-tops-700-million.aspx.
9. Caplan and Naik, 'A Radical Case for Open Borders', op. cit.
10. 移民が支払う税金と母国への送金によって、彼らが得た利益はある程度再分配されている。Caplan and Naik (2014) は移動の自由化に反対する人々からの政治的支持を獲得するため、移民の得た利益の大部分を再配分する大胆な施策の実現性について強気の見通しを示している。コリアーは著書(*Exodus: How Migration is Changing Our World* (London:Penguin, 2014)『エクソダス：移民は世界をどう変えつつあるか』松本裕訳、みすず書房、二〇一九年)のなかで、移民に元の住民と同水準の税金を課すだけでなく、さらに補償的支払いを求めることは政治的に考えられず、道徳的にも好ましくないと主張している。それは通常、移住先で最貧困層となる移民をさらに貧しくし、元の住民とは区別すべきだという考えを助長することによって、豊かな国に恒久的な下層階級を生み出すリスクがあるためだ。
11. Robert Putnam, 'E Pluribus Unum : Diversity and Community in the Twenty-First Century (The 2006 Johan Skytte Prize Lecture)' in *Scandinavian Political Studies* (2006).
12. Sujin Jang, 'Cultural Brokerage and Creative Performance in Multicultural Teams', *Organization Science*, 28 December 2017.
13. Netflix, *House of Cards*, Chapter 15 (2014).
14. 'How the Slow Death of Labour Might Happen: A Dispatch from 2030', *Economist*, 2 February 2017.
15. Yascha Mounk and Roberto Stefan Foa, 'The Democratic Disconnect', *Journal of Democracy*, July 2016.
16. https://www.japantimes.co.jp/news/2018/11/02/national/major-policy-shift-japan-oks-bill-let-foreign-manual-workers-stay-permanently/#.XBTxlorqafA.

6. 二〇一一年のIMFの以下の論文より。'Revenue Mobilization in Developing Countries'. https://www.imf.org/external/np/pp/eng/2011/030811.pdf.
7. ISSP 2013.
8. Jonathan M. Powell and Clayton L. Thyne, 'Global Instances of Coups from 1950 to 2010: A New Dataset', *Journal of Peace Research*, 1 April 2011.
9. Max Roser and Mohamed Nagdy, 'Civil Wars' (2018). OurWorldInData.orgにより、インターネット上で発表された。以下にて閲覧。https://ourworldindata.org/ civil-wars.
10. Eric Hobsbawm, *Nations and Nationalism since 1780: Programme, Myth, Reality* (Cambridge: Cambridge University Press, 1990), p. 145(『ナショナリズムの歴史と現在』).
11. Ailsa Henderson, Charlie Jeffery and Daniel Wincott, *Citizenship after the Nation State: Regionalism, Nationalism and Public Attitudes in Europe* (Basingstoke: Palgrave Macmillan, 2014).
12. 一九五四年に文言は「神の下の一国家」に変更された。
13. Our World In Data (https://ourworldindata.org/ world-population-growth. 二〇一八年六月に閲覧).
14. Sir John Strachey, *India, Its Administration and Progress* (3rd edn, 1903; 1st edn 1888; link to full text: https://archive.org/stream/in.ernet.dli.2015.278886/2015.278886. India-Its_djvu.txt; accessed June 2018).
15. Economist Intelligence Unit, 'Democracy Index 2017' (http://www.eiu.com/Handlers/WhitepaperHandler.ashx?fi=Democracy_Index_2017.pdf&mode=wp&campaignid=DemocracyIndex2017. 二〇一八年六月に閲覧).

第5章　移民の自由化にはこだわらない

1. 以下より翻訳。C. R. Boxer, *The Christian Century in Japan, 1549–1650* (Berkeley, LA: University of Chicago Press, 1951), pp. 439–40(『ボクサー :宣教師の見た日本』関本栄一編注、開文社出版、一九八六年).
2. ユダヤ人は国家的コミュニティの完全な構成員ではないとする根強い見解は、一九一七年のボルシェビキ革命まで居留区が廃止されなかったことにも表れている。
3. Ian Goldin, Geoffrey Cameron and Meera Balarajan, *Exceptional People: How Migration Shaped Our World and Will Define Our Future* (London: Blackwell, 2011), 58ff; 'A History of Passports', *Wall Street Journal*, 17 October 2005 (https://www.wsj.com/articles/SB112506690121624172).
4. Bryan Caplan and Vipul Naik, 'A Radical Case for Open Borders'(May 2014).二〇一八年七月に閲覧。

18. わずか一〇の都市で、世界経済の一〇%を占める。(https://financesonline.com/ 10-wealthiest-cities-in-the-world-its-not-new-york-or-london-at-the-top/).重大な武力衝突が起きれば、最初の数時間のうちにそのすべてが瓦礫と化すだろう。

19. Serhii Plokhy, *Chernobyl: History of a Tragedy* (London: Allen Lane, 2018).

20. Nafeez Ahmed, 'How the World Health Organisation Covered Up Iraq's Nuclear Nightmare', *Guardian*, 13 October 2013.

21. 本書執筆時点で最も重大な事例は、中国によるイスラム教徒のウイグル人の大量投獄である。

22. Josh Halliday, Lois Beckett and Caelainn Barr, 'Revealed: The Hidden Global Network behind Tommy Robinson', *Guardian,* 7 December 2018.

23. George Morgan, *Global Islamophobia: Muslims and Moral Panic in the West*, ed. Scott Poynting (Farnham: Ashgate, 2012), p. 1.

24. どちらも起源は古代ギリシャの同じような、ただし同一ではない社会制度である。どちらも長期間にわたる中断があり、しかも古代と現代の制度に大きな差異があることから、現代において再発明されたといえるだろう。

25. Pankaj Mishra, 'The Invention of the Hindu', *Axess* (2004).

26. Sarah Marsh, 'From Ali to Wyn: Names of Coming UK Winter Storms Revealed', *Guardian,* 12 September 2018.

第4章　国民国家を守る

1. 一六四八年のウェストファリア条約は、中央ヨーロッパでの三〇年戦争を終結させたもので、他国から国内問題について合法的に介入を受けない主権国家に基づく国際システムの原則を確立したとされる。この点における一六四八年の条約の重大性には疑問符がつくものの、主権国家から成る現代のシステムがウェストファリア体制と呼ばれることが多いのはこのためである。

2. 国民国家の解体を呼びかけた大胆な筆者の一人がラナ・ダスグプタで、二〇一八年に「われわれの時代の最も重大な進展は国民国家の衰退に他ならない」、そして「かつて存在したものを復活させようとしても、時すでに遅しである」と書いている。ダスグプタの提唱する解決策は、従来とはまったくことなる国際体制である。無制限な移動が認められ、「西洋の国民の持つ権利や機会が、はるかに多くの人々によって主張されうる世界」だ。たとえばイラクやアフガニスタンの人々がアメリカの選挙に投票できる(結局のところ、選挙の結果は彼らに影響を及ぼすのだから)。'The Demise of the Nation-State', *Guardian*, 6 April 2018.

3. 一九九六年にルーベン・カトリック大学でコール首相が行った演説より。

4. Aviei Roshwald, 'The Post-1989 Era as the Heyday of the Nation-State', *International Journal of Politics, Culture and Society*, 11 January 2011.

5. OECD (https://data.oecd.org/gga/ general-government-spending.htm).

9. たとえば以下を参照。Michael Clemens, 'Does Development Reduce Migration?', Centre for Global Development Working Papers (2014).
10. アメリカの対外援助プログラムは、アメリカ企業と契約するなど、自国の国益とより密接に結びついている。
11. 「すべての人類は単一のコミュニティに帰属しているという考え」と、対外援助への支持とのあいだに強い正の相関が見られるという調査結果は、以下などを参照。http://chicagopolicyreview.org/2018/02/05/how-public-support-for-foreign-aid-depends-on-trust/.
12. OurWorldIn-Data.orgにて、オンラインで発表された以下の文献を参照。Max Roser, 'The Short History of Global Living Conditions and Why It Matters that We Know It' (2018). 以下で閲覧した。'https://ourworldindata.org/ a-history-of-global-living-conditions-in-5-charts'.
13. 以下などを参照。http://blogs.worldbank.org/arabvoices/ decline-child-mortality-rates-middle-east-north-africa-success-story.
14. コミック・リリーフは創設から最初の三〇年で、イギリス国民から一〇億ポンド以上の寄付を集めた。https://www.bbc.co.uk/news/ entertainment-arts-31874360.
15. https://globalgoalscast.org/creativity.
16. 二〇〇〇年の中国による対外援助は約一〇億ドル(エイドデータによる。中国の情報源には異論もある)、アラブ湾岸諸国の援助額は六億ドルだった。韓国は三億ドル、トルコはさらに少なかった。OECDの支援国(北アメリカ、ヨーロッパ、オーストラリア、日本)の援助総額が七二〇億ドルであることから、中国、アラブ諸国、韓国、トルコを合わせても二〇〇〇年の世界の援助額の三%に満たない。しかし中国の援助額は二〇一〇〜一四年には平均一〇〇億ドルに増加した(エイドデータによる。中国の情報源には異論もある)。アラブ湾岸諸国の二〇一一〜一五年の平均は六三億ドル、韓国は二〇一〇〜一五年は一六億ドル、トルコは二〇一五、一六年の平均が五〇億ドルだった。二〇一五年のOECD諸国の援助総額は一三一〇億ドルだったので、中国、アラブ諸国、韓国、トルコで世界の援助額の一七%を占めている。この期間を通じて、ブラジルの対外援助は比較的少なかった。以下より。https://www.aiddata.org/ china-official-finance; https://www.oecd.org/dac/dac-global-relations/Trends-in-Arab-concessional-financing-for-development.pdf; http://siteresources.worldbank.org/INTMENA/Resources/ADAPub82410web.pdf; https://data.oecd.org/oda/net-oda.htm; http://www.oecd.org/dac/stats/turkeys-official-development- assistanceoda.htm; https://www.devex.com/news/ setting-its-own-course-brazil-foreign-aid-expands-and-evolves-78631; http://www.oecd.org/dac/korea.htm; and http://www.oecd.org/dac/ financing-sustainable-development/development-finance-data/final-oda-2015.htm.
17. Karl Wolfgang Deutsch, *Nationalism and Its Alternatives* (New York: Knopf, 1969)(『ナショナリズムとその将来』勝村茂・星野昭吉訳、勁草書房、一九七五年).

20. ただし二〇一八年時点では、リドリー・スコットとアシフ・カパディアが、ハラリの『サピエンス全史』のドキュメンタリー映画を制作していることが発表された。(https://www.hollywoodreporter.com/bookmark/ridley-scott-asif-kapadia-adapt-fiction-bestseller-sapiens-1126224).

21. ただしインクルーシブな映画産業を実現するため、有色人種の登場人物を描くのに白人の俳優を起用しないといった一定のルールが導入されている。

第3章　ミッションを定め、敵を見きわめる

1. https://sustainabledevelopment.un.org/post2015/transformingourworld.

2. 目標とターゲットの全文は以下で読むことができる。http://www.undp.org/content/undp/en/home/ sustainable-development-goals.html.

3. 'Awareness of Sustainable Development Goals (SDGs) vs Millennium Development Goals (MDGs)', Globescan report, August 2016 (二〇一八年一二月に以下で確認。https://globescan.com/ wp-content/uploads/2017/07/Radar_eBrief_SDGvsMDG.pdf).

4. IPSOS Mori polling (https://www.ipsos.com/ipsos-mori/en-uk/maintaining-pride-nhs-challenge-new-nhs-chief-exec#note1).

5. 多くの日本人に公共の場をきれいに保つことへのきわめて強いこだわりがあることは、二〇一八年サッカー・ワールドカップの試合の後、日本のファンがスタジアムで自分たちが使った区域を掃除し、代表チームがロッカールームを掃除したことで改めて注目された。ぼくがインタビューをした日本人は、それが国民的アイデンティティの中核を成すことに同意していた。CNNの以下の記事を参照。'After Defeat, Japan's World Cup Team Leaves behind a Spotlessly Clean Locker Room and a "Thank You" Note', 3 July 2018 (二〇一八年一二月に閲覧。https://edition.cnn.com/2018/07/03/football/japan-belgium-russia-thank-you-locker-room-trnd/index.html).

6. このカテゴリーに該当する持続可能な開発目標を具体的に挙げると、目標1(貧困をなくそう)、目標2(飢餓をゼロに)、目標3(すべての人に健康と福祉を)、目標4(質の高い教育をみんなに)、目標5(ジェンダー平等を実現しよう)、目標6(安全な水とトイレを世界中に)、目標8(働きがいも経済成長も)、目標9(産業と技術革新の基盤をつくろう)、目標10(人や国の不平等をなくそう)、目標17(パートナーシップで目標を達成しよう)である。

7. John Stauffer, Zoe Todd and Celeste-Marie Bernier, *Picturing Frederick Douglass: An Illustrated Biography of the Nineteenth Century's Most Photographed American* (New York: Liveright Publishing Corporation, 2015).

8. OECDの調査では、二〇一七年の対外援助総額は一四六六億ドルで、このうち一五五億ドルは人道援助だった(http://www.oecd.org/development/ development-aid-stable-in-2017-with-more-sent-to-poorest-countries.htm).

8. *BBC News* の記事: ‘Prom Dress Prompts “Cultural Appropriation”Row’, 1 May 2018.

9. ‘Chinese Dress at US Prom Wins Support in China after Internet Backlash’, *South China Morning Post*, 1 May 2018.

10. 一例が以下の人気書籍が示す未来予測だ。Martin Jacques, *When China Rules the World: The Rise of the Middle Kingdom and the End of the Western World* (London: Allen Lane, 2009)(『中国が世界をリードするとき：西洋世界の終焉と新たなグローバル秩序の始まり 上下』松下幸子訳、NTT出版、二〇一四年).

11. ここでぼくが言わんとしているのは、世俗主義、消費者主義、個人主義など今日のグローバル文化を形づくっているものに匹敵するほどの重大な文化的変化だ。もちろんヨーロッパの伝統文化のうち、表面的なものとして世界に普及したものはたくさんある(ピザ、サンタクロースなど)。他の伝統文化の表面的要素がグローバル文化に今後も影響を与えることは十分考えられ、それはすでに始まっている。

12. Anthony D. Smith, *Nations and Nationalism in a Global Era* (Cambridge: Polity, 1995), 19ff(『20世紀のナショナリズム』巣山靖司監訳、法律文化社、一九九五年).

13. Yuval Noah Harari, *Sapiens: A Brief History of Humankind* (London: Harvill Secker, 2014), 24 ff(『サピエンス全史:文明の構造と人類の幸福　上下』柴田裕之訳、河出書房新社、二〇一六年).

14. 以下を参照。Ernest Gellner, *Nations and Nationalism* (Oxford: Blackwell, 1983), p. 56(『民族とナショナリズム』):「ナショナリズムとは本質的に、ハイ・カルチャーの社会への押しつけである。(中略)それは学校が媒介し、学術界の監督の下で行われる、社会全般への表現方法の拡散である」

15. この見解は、ぼくがインタビューした芸術史の専門家が語ったものだ。もちろんことなる芸術的伝統を持つ国々でことなる言語が使われているからと言って、そのあいだにアイデアの貸し借りや交流がないということではない。

16. スコットランドについては以下を参照。https://globaldimension.org.uk/resource/developing-global-citizens-within-curriculum-for-excellence/. 他のデータは以下を参照。http://www.unesco.org/new/en/ member-states/single-view/news/four_countries_place_global_citizenship_education_as_curricu/.

17. Aviei Roshwald, ‘The Post-1989 Era as Heyday of the Nation-State?’, *International Journal of Politics Culture and Society,* 11 January 2011.

18. *BBC News*の記事。‘Donald Trump Retweets far-right Group’s Anti-Muslim Videos’, 29 November 2017.

19. ‘Can Simon Fuller’s New Global Pop Band Emerge Triumphant in a Music Business “Going through Confusion”?’, *Music Business Worldwide*, 18 September 2018.

41. Amartya Sen, *Identity and Violence: The Illusion of Destiny* (London: Allen Lane, 2006), p. 124(『アイデンティティと暴力 』).

42. 例を挙げれば、ナチス政権下のドイツ、二〇世紀のイラク、今日のミャンマーなどがある。

43. たとえば以下を参照。Branko Milanovic, *Global Inequality: A New Approach for the Age of Globalization* (Cambridge, Massachusetts: The Belknap Press of Harvard University Press, 2016).

44. 'A World of Free Movement Would be $78 Trillion Richer', *Economist*, 13 July 2017.

45. Pinker, *Enlightenment Now: A Manifesto for Science, Reason, Humanism and Progress* (London: Penguin, 2018), p. 113.『21世紀の啓蒙:理性、科学、ヒューマニズム、進歩　上下』橘明美・坂田雪子訳、草思社、二〇一九年).

第2章　誰も排除しない

1. Giuseppe Mazzini, *Life and Writings of Joseph Mazzini* (London: Smith, Elder & Co., 1890), p. 169.

2. Kwame Anthony Appiah, *The Lies that Bind: Rethinking Identity*, (Profile Books, 2018) p. 73.

3. たとえば以下を参照。Friedrich A. von Hayek, *The Road to Serfdom* (London: Routledge, 1944)(『隷属への道』西山千明訳、春秋社、一九九二年). 第一ページでハイエクの言う「文明化した国々」が、今日であれば「西洋」を意味するのはまちがいない。

4. Bill Emmott, *The Fate of the West: The Battle to Save the World's Most Successful Political Idea* (New York: The Economist Books, 2017), p. 1.(『「西洋」の終わり: 世界の繁栄を取り戻すために』伏見威蕃訳、日本経済新聞出版社、二〇一七年)

5. 以下などを参照。'Ukraine is a Mess; the West Should Press It Harder to Fight Graft' (7 December 2017) and 'The West Should Help Saudi Arabia Limit Its War in Yemen' (15 October 2016). 『エコノミスト』誌の現在の編集長の下では、グローバルな行動を求める主張が増えている。変革の担い手を「西洋」だけと見なしていた過去の視点からの好ましい変化といえる。

6. オーストラリアはその名前が「南の国」を意味し、「下の下」というあだ名まであることからもわかるように、かなり南に位置する国ではあるが「西洋」に属する。一方、モロッコはその正式名称の「al-Maghrab」が「西側の土地」を意味するにもかかわらず、「西洋」には属さない。

7. たとえば以下を参照。G. John Ikenberry and Darren J. Liam, 'China's Emerging Institutional Statecraft: The Asian Infrastructure Investment Bank and the Prospects for Counter-hegemony', *Project on International Order and Strategy at Brookings*, April 2017.

ると考えるべき理由はまったくない。

29. Anderson, op. cit.

30. Association of Train Operating Countries (ATOC), 'The Billion Passenger Railway: Lessons from the Past: Prospects for the Future' (2008).

31. 中国教育部のデータより(情報は中国語で書かれている。http://www.moe.gov.cn/jyb_xwfb/xw_fbh/moe_2069/xwfbh_2017n/xwfb_170301/170301_sjtj/201703/t20170301_297676.html).

32. Yearbook of International Organizations.

33. Bob Reinalda, *Routledge History of International Organizations* (London: Routledge, 2009) pp. 52–6.

34. Eref Erturk, 'Intergovernmental Organizations (IGOs) and Their Roles and Activities in Security, Health, and Environment', *Journal of International Social Research*, vol. 8, issue 37, April 2015.

35. 国際機関の職員数を入手するのは困難だ。国連のウェブサイトによると、国連とその関連機関の職員数は、二〇一二年時点で約九万人(https://www.unsceb.org/content/total-staff-organization)。ただしここに含まれるのは、国連に雇用され、その職務を遂行する人々のほんの一部である。臨時雇用者、コンサルタント、請負会社、助成対象者なども同じ組織文化の一角を成すと考えるべきだ。国連の二〇一六年の予算は四八八億ドルだった(ここには世界銀行とIMF以外のすべての国連機関が含まれている)。これに以下の前提を当てはめると、「国連職員」と考えられる人の総数は五〇万人から二二〇万人と合理的に推計できる。前提は以下のとおり。①国連の業務を遂行するために雇用されている人の平均的報酬は二万〜四万ドルである。②予算のうち人件費は七五〜九五%を占める。③国連予算から給料を支払われている人のうち、国連の組織文化の一部とみなすことのできる人の割合は七〇〜九五%である。④平和維持予算は割り引いて考える。この予算は平和維持活動に参加する兵士に支払われており、彼らが所属する国民国家の軍隊の組織文化は国連のそれとは大きくことなっている可能性があるためだ。

36. World Bank (https://data.worldbank.org/indicator/IS.AIR.PSGR).

37. ISSPのデータはネット上で閲覧や加工が可能である。http://zacat.gesis.org/.

38. 二〇一八年六月、マリーヌ・ルペン率いる政党は党名を「国民連合」に変更した。一九四七年から一九五五年に存在したシャルル・ド・ゴール将軍の「フランス国民連合」を意識した命名だった。

39. 'Japan's Foreign Minister Champions International Tax System', *Nikkei Asian Review*, 27 August 2018 (二〇一八年一〇月に閲覧。https://asia.nikkei.com/Politics/ Japan-s-foreign-minister-champions-international-tax-system).

40. Jane Perlez, 'With Blackface and Monkey Suit, Chinese Gala on Africa Causes Uproar', *The New York Times*, 16 February 2018.

Press, 2007), p. 139. 一方イダマリア・フスコによる二〇一一年の記事によると、同じ時期のイタリアの人口は約二五〇〇万人だった（'The Unification of Italy, Population, Territorial Imbalances: Some Data and Remarks on Southern Italian Population in the Italian Context (1760– 1880)'）.

24. 二〇一八年の数値については以下を参照。Ben Gilbert, 'YouTube Now Has over 1.8 Billion Users Every Month, within Spitting Distance of Facebook's 2 Billion', *Business Insider UK*, 4 May 2018 (accessed September 2018 at: http://uk.businessinsider.com/ youtube-user-statistics-2018-5).二〇一三年の数値については以下を参照。'YouTube Stats: Site Has 1 Billion Active Users Each Month', *Huffington Post*, 21 March 2013 (accessed September 2018 at: https://www.huffingtonpost.com/2013/03/21/ youtube-stats_n_2922543.html?guccounter=1).

25. 二〇一七年九月の時点で、ユーチューブ動画として史上最高の閲覧数を誇っていたのはプエルトリコの歌手ルイス・フォンシが歌う『デスパシート』という曲の動画で、三七億回だった。閲覧数が一〇億回を超えたのは、動画が投稿されてからわずか九七日後のことだった。

26. 二〇一八年については以下を参照。https://www.fifa.com/worldcup/news/ more-than-half-the-world-watched-record-breaking-2018-world-cup. 二〇〇六年については以下を参照。https://www.independent.co.uk/sport/football/ news-and-comment/why-fifas-claim-of-one-billion-tv-viewers-was-a-quarter-right-5332287.html.

27. この言葉とそれを裏づける理論が一般に知られるようになったきっかけは、以下の文献である。Cass Sunstein in *Echo Chambers: Bush v. Gore: Impeachment and Beyond* (Princeton: Princeton University Press, 2001)（『インターネットは民主主義の敵か』石川幸憲訳、毎日新聞社、二〇〇三年）.

28. 二〇〇〇人のイギリス人のネット行動を調査した二〇一八年の調査では、メディア・エコーチェンバーの状態に陥っていたのはわずか八%だった((Elizabeth Dubois, 'The Echo Chamber is Overstated: The Moderating Effect of Political Interest and Diverse Media', in *Information, Communication and Society*, 2018). 二〇一六年のアメリカ大統領選挙の直前期にアメリカの有権者を対象に実施された調査では、大多数の人は政治的立場のことなる複数のソーシャルネットワークのメンバーになっていた (Maeve Duggan and Aaron Smith, 'The Political Environment on Social Media', published by Pew Research Center, 25 October 2016 (accessed September 2018 at: http://assets.pewresearch.org/ wp-content/uploads/sites/14/2016/10/24160747/PI_2016.10.25_Politics-and-Social-Media_FINAL.pdf). アメリカ在住の五万人のインターネットユーザーの閲覧履歴を調べた二〇一六年の別の調査では、ソーシャルメディアの利用は「ユーザー自身が好まない政治的立場の意見に触れる機会を増やす傾向がある」と結論づけている (Seth Flaxman et al., 'Filter Bubbles, Echo Chambers and Online News Consumption', in *Public Opinion Quarterly*, 2016). 世界の他の地域ではこの現象についてあまり研究が行われていないが、他の地域でエコーチェンバー現象が起きてい

稀だった。一九世紀の終わりにナショナリズム運動がオスマン帝国の中心であるトルコ西部に到達するまで、帝国のエリート層はオスマン国家を創設し、帝国の人民を「オスマン市民」に転換しようとは考えなかった。そのころにはすでに競合する他のナショナリズム運動（トルコ、ギリシャ、アルメニアなど）が優位に立っていた。

13. ロシア（Russia）においてさえ、近世には文化的にスラブ圏に入っていたものの、エリート層には民族的にスカンジナビア人という意識があった。「Rus」には「バイキング」という意味がある。一方モスクワの君主は伝統的にドイツ系の血筋であることを主張していたが、やがてナショナリズムの機運が高まると、臣民と同じアイデンティティに転換せざるを得なくなった。一九世紀にはこの民族的「Uターン」を正当化するため、「Rus」の語源も無理やり変更された（以下を参照。Serhii Plokhi, *Lost Kingdom: The Quest for Empire and the Making of the Russian Nation* (New York: Basic Books, 2017).

14. Hagen Schulze, *The Course of German Nationalism: From Frederick the Great until Bismarck, 1763–1867* (Cambridge: Cambridge University Press, 1991), p. 59.

15. 一九二〇年代から一九五〇年代にかけて、エジプトの中等教育の就学者数は五〇〇〇人から一二万人に増加、イラクにいたってはわずか二二九人から七万四〇〇〇人に増加した。Adeed Dawisha, *Arab Nationalism in the Twentieth Century: From Triumph to Despair* (Princeton: Princeton University Press, 2003), pp. 81 & 125.

16. Sandra Davie, 'Singapore Maths Inspires UK Educators', *Strait Times*, 4 April 2017.

17. ニースはフランスとイタリアのどちらに帰属するのかという激論は、その最たる例である。ニースはイタリア・ナショナリズム運動の英雄となったジュゼッペ・ガリバルディの生誕地であり、その土着の言葉はフランス語でもイタリア語でもなく、その中間的なものだった。ニースをフランスに併合するという一八六〇年の判断は、フランス皇帝ナポレオン三世に統一国家イタリアを認めさせるための譲歩に過ぎなかった。

18. Denis Mack Smith, *Mazzini* (New Haven/ London: Yale University Press, 1994).

19. Hobsbawm, op. cit., 60ff.

20. EUがイギリスの離脱後も英語を公用語として使う見通しであるのは、この例だ。EUの官僚のうち英語を第一言語とする者はごくわずかだが、ほぼ全員が理解できる唯一の言語が英語である、という状況は変わらないだろう。

21. 'Total of 9.4 million students to attend 2017 Gaokao in China', Xinhua News Agency, 6 June 2017.

22. Nicholas Ostler, *The Last Lingua Franca: English until the Return of Babel* (New York: Walker & Co., 2010).

23. 一八五〇年代にジャーナリズムとナショナリズム運動の中心地であったピエモンテ地方で最も読まれていた新聞は*Gazzetta del Populo*で、購読者数は一万人にも達しなかった（Lucy Riall, in *Garibaldi: Invention of a Hero* (New Haven/London: Yale University

のとおりである。Benedict Anderson, *Imagined Communities: Reflections on the Origin and Spread of Nationalism* (London: Verso, 1983)(『想像の共同体 : ナショナリズムの起源と流行』白石隆・白石さや訳、リブロポート、一九八七年), Ernest Gellner, *Nations and Nationalism* (Oxford: Blackwell, 1983)(『民族とナショナリズム』), Eric Hobsbawm, *Nations and Nationalism since 1780: Programme, Myth, Reality* (Cambridge: Cambridge University Press, 1990) (『ナショナリズムの歴史と現在』浜林正夫・嶋田耕也・庄司信訳、大月書店、二〇〇一年), Elie Kedourie, *Nationalism* (Oxford: Blackwell, 4th edn, 1993) (『ナショナリズム』小林正之・栄田卓弘・奥村大作訳、学文社、二〇〇三年), Anthony D. Smith, *Nations and Nationalism in a Global Era* (Cambridge: Polity, 1995) (『20世紀のナショナリズム』巣山靖司監訳、法律文化社、一九九五年).

2. フランス革命以前には「国家」という言葉の意味は曖昧で多様だった。そこには地理的、民族的、言語的集団の意味があったが、本来的に主権を持ち、自己統治の権利を主張する自然発生的な人間の集団といった政治的概念を意味してはいなかった(Elie Kedourie, *Nationalism* (Oxford: Blackwell, 4th edn, 1993), pp. 4–7) (『ナショナリズム』).
3. Jules Michelet, *Histoire de la Révolution française*, cited in Annie Crépin, '*Le Mythe de Valmy* ' in *Révolution et république: L'Exception française*, ed. Michel Vovelle (Paris: Editions Kimé, 1994), p. 470.
4. William Doyle, *The Oxford History of the French Revolution* (Oxford: Oxford University Press, 2002), p. 193.
5. 以下より引用。Elie Kedourie, op. cit., p. 101.
6. Kant, Metaphysics of Morals Vigilantius, XXVII.2.1, 673–4, quoted by Pauline Kleingeld in 'Kant's Cosmopolitan Patriotism', *Kant Studien*, 94 (3), pp. 299–316 (2003).
7. International Social Survey Programme, 2013.
8. 二〇一六年一〇月五日、テリーザ・メイ首相が保守党協議会で行った基調講演より。全文は以下で閲覧できる。https://www.independent.co.uk/news/uk/politics/theresa-may-speech-tory-conference-2016-in-fulltranscript-a7346171.html.
9. Robert Putnam, 'E Pluribus Unum: Diversity and Community in the Twenty-first Century', 2006 Johan Skytte Prize Lecture, *Scandinavian Political Studies* (2006).
10. Mary Beard, *SPQR: A History of Ancient Rome* (London: Profile, 2015) (『共和政の時代』宮崎真紀訳、亜紀書房、二〇一八年).
11. Christine Isom-Verhaaren,'Constructing Ottoman Identity in the Reigns of Mehmed II and Bayezid II', *Journal of the Ottoman and Turkish Studies Association* (2014).
12. 産業化が始まるまで、こうしたアイデンティティの主張が自己統治の権利を求めるようなことは

原注

Introduction グローバリズムをアップデートせよ

1. Paul Ignotus, *Hungary* (London: Benn, 1972) p. 44.
2. 一人の人物のなかに複数の集団的アイデンティティが同時に存在することを説明した古典的文献として以下を参照。Amartya Sen, *Identity and Violence: The Illusion of Destiny* (London: Allen Lane, 2006)(『アイデンティティと暴力：運命は幻想である』東郷えりか訳、勁草書房、二〇一一年). センは同書で「人間はたったひとつの集団の構成員でしかありえないという(中略)奇異な思い込み」について分析している。
3. 産業社会とナショナリズムの発展の密接な関係についての議論は、アーネスト・ゲルナーのすばらしい著作を参照。Ernest Gellner, *Nations and Nationalism* (Oxford: Blackwell, 1983)(『民族とナショナリズム』加藤節監訳、岩波書店、二〇〇〇年).
4. 一例として以下を参照。Kwame Anthony Appiah, *Cosmopolitanism: Ethics in a World of Strangers* (London: Allen Lane: 2006).
5. 集団的アイデンティティの土台と暴力に関する考察は以下を参照。Mike Martin, *Why We Fight* (London: Hurst & Company, 2018).
6. 対外援助を敵視する人の多くは、政府予算のうち援助がどれだけの割合を占めるかを、とんでもなく過大評価していることに注目すべきだ。たとえばアメリカでこうした人々に政府予算に占める対外援助の割合を予測させると、平均は二五%だ。回答者のうち、実際の割合が一%以下であることを知っていたのはわずか五%である。https://www.kff.org/ global-health-policy/poll-finding/data-note-americans-views-on-the-u-s-role-in-global-health/
7. ドイツ統一のコストについては以下を参照。'*Das Land der zwei Billionen* ' in *Welt am Sonntag*, 4 May 2014; https://www.welt.de/print/wams/politik/article127589555/Das-Land-der-zwei-Billionen.html.
8. しかしドイツは、ギリシャの債務で稼いだ利益を返還している。https://www.ft.com/content/ 9b3d38a2-7574-11e8-aa31-31da4279a601.
9. 過去の世界人口の予測については以下を参照。http://www.worldometers.info/world-population/world-population-by-year/.
10. International Social Survey Programme, 2003.
11. Johann Kaspar Riesbeck, *Briefe eines reisenden Franzosen uber Deutschland* (Zurich, 1783), ed. Wolfgang Gerlach (Frankfurt am Main, 1967), pp. 330–36.

第1章 グローバリストとナショナリスト

1. ナショナリズムを定義し、その発達を振り返った研究のなかで、非常に権威があるものは以下

著者紹介

ハッサン・ダムルジ Hassan Damluji

ビル&メリンダ・ゲイツ財団副ディレクター。同財団のグローバルポリシー&アドボカシー部門（中東・パキスタン・日本・韓国）を率いる。専門はコーポレートマネジメント、国際開発、教育改革。ロンドンでイラク人の父親とアイルランド人の母親の元に生まれる。オックスフォード大学卒業後、ハーバード大学で修士号（中東研究）を取得。マッキンゼー&カンパニーをへて、2013年、ゲイツ財団に参画。25億ドルの開発ファンドLives & Livelihoods Fundの共同創設者や、ロンドン拠点のチャリティ・スクールOne Degree Academyの共同創設者なども務める。来日経験も多く、日本の近現代史に造詣が深い。本書が初の著書となる。

訳者略歴

土方奈美 Nami Hijikata

翻訳家。日本経済新聞記者を経て独立。米国公認会計士資格（CPA）所有。訳書にエリック・シュミット他『HOW GOOGLE WORKS』、ジリアン・テット『サイロ・エフェクト』、ウォルター・アイザックソン『レオナルド・ダ・ヴィンチ』、ジョン・ドーア『MEASURE WHAT MATTERS』、スローマン&ファーンバック『知ってるつもり』他多数。

装幀・本文デザイン…… 水戸部功
DTP…………………… 朝日メディアインターナショナル
校正…………………… 鷗来堂
営業…………………… 岡元小夜・鈴木ちほ
事務…………………… 中野薫
編集…………………… 富川直泰

フューチャー・ネーション

国家をアップデートせよ

2020年6月22日　第1刷発行

著者…………**ハッサン・ダムルジ**

訳者…………**土方奈美**

発行者………**梅田優祐**

発行所………**株式会社ニューズピックス**

〒106-0032 東京都港区六本木 7-7-7 TRI-SEVEN ROPPONGI 13F
電話 03-4356-8988 ※電話でのご注文はお受けしておりません。
FAX 03-6362-0600 FAXあるいは下記のサイトよりお願いいたします。
https://publishing.newspicks.com/

印刷・製本……**シナノ書籍印刷株式会社**

ISBN 978-4-910063-08-9

本書に関するお問い合わせは下記までお願いいたします。
np.publishing@newspicks.com

希望を灯そう。

NEWS PICKS
PUBLISHING

「失われた30年」に、
失われたのは希望でした。

今の暮らしは、悪くない。
ただもう、未来に期待はできない。
そんなうっすらとした無力感が、私たちを覆っています。

なぜか。
前の時代に生まれたシステムや価値観を、今も捨てられずに握りしめているからです。

こんな時代に立ち上がる出版社として、私たちがすべきこと。
それは「既存のシステムの中で勝ち抜くノウハウ」を発信することではありません。
錆《さ》びついたシステムは手放して、新たなシステムを試行する。
限られた椅子を奪い合うのではなく、新たな椅子を作り出す。
そんな姿勢で現実に立ち向かう人たちの言葉を私たちは「希望」と呼び、
その発信源となることをここに宣言します。

もっともらしい分析も、他人事のような評論も、もう聞き飽きました。
この困難な時代に、したたかに希望を実現していくことこそ、最高の娯楽《エンタメ》です。
私たちはそう考える著者や読者のハブとなり、時代にうねりを生み出していきます。

希望の灯を掲げましょう。
1冊の本がその種火となったなら、これほど嬉しいことはありません。

令和元年
NewsPicksパブリッシング 編集長
井上 慎平